U0877281

历史的智慧

国家人文历史
NATIONAL HUMANITY HISTORY

治国之道

选人用人三千年

《国家人文历史》编著

中央党校出版集团 大有书局

目录

001 科举前的选官史

科举前的选官史

从贵族世官到九品中正：科举制之前的选官史

在世界上任何一个地区，规模大的国家都面临这样一个问题——如何选拔官员？谁能当官？这是一个很大的问题，一是政治资源的分配，二是国家治理的需求。

我们知道中国从隋唐起就盛行科举制，谁科举考试成绩好，谁就可以当官。对这个制度我们有点习以为常，但实际上，科举制是相当奇怪的东西，甚至可以说有点"特殊"，在世界上其他的国家，极少见到这样选拔官员的。

即便在中国，在科举制产生之前也走了一条非常漫长的道路。从最早的贵族、门客，到军功、推荐（察举、征辟、孝廉），最后是九品中正制，自隋唐起，开启了科举制度。科举的出现，可以被视为国家治理复杂化与国家规模的超大化对现实政治的倒逼。

最早的时候当然是世袭

如果我们把历史追溯到周朝，就会发现那个时候的社会和后来的宋元明清完全不同，在制度层面上，反倒更像《冰与火之歌》里的七大王国。和七大王国一样，西周也是一个封建制的贵族国家。这里所说的“封建制”指的是其本义，就是“封国土、建诸侯”的制度。它是一个金字塔式的等级社会，而不是后来君权至上的扁平化社会。孟子对这个社会有过一个理想化的描述：“天子一位，公一位，侯一位，伯一位，子男同一位，凡五等也。君一位，卿一位，大夫一位，上士一位，中士一位，下士一位，凡六等。”从这段话里我们可以看出来，天子也好，诸侯也好，虽然是君主，但他们和卿、大夫相去并不远，只是在等级树上高了一点点而已。明清的皇帝对大臣有生杀予夺之权，可以随意处置，但在周朝那是完全不可思议的事情，就像我们要是听说总经理可以在例会上把部门经理拉出去砍头一样不可思议。

在这样的社会里，选拔官员自然会倾向于世袭制。这是很简单的一个逻辑推理。世袭是人类的一种本能。人们得到一些好处后，会很自然地倾向于把这些好处传给后代。既然大家地位并没有本质区别，天子能世袭，诸侯能世袭，那么卿为什么就不能世袭？大夫为什么就不能世袭呢？

因此，在西周主要采取世官制。到了春秋时期世官制虽然开始有所松动，但依旧占据主流位置。我们翻翻《左传》就会发现，许多家族都是世世代代为卿，比如晋国的荀、范、栾、韩、赵、中行，鲁国的三桓，郑国的七穆，齐国的高、国，都是如此。这个时候也不太需要经常从外界选拔官员，让官员生官员就行了。

世官制其实是个很稳定的制度，它具有可预测性，减少了贵族内部的摩擦，很适合一个静态的社会。但它没能永久持续下去，在春秋中后期，它就出现了崩塌的征兆。问题出在两个方面。一方面是周王朝不再能维持大一统局面，各个诸侯国各自为政，静态社会变成动态社会，所有的政治实体都面临巨大压力。诸侯国必须追求军事和行政效率，内部也必须重新划分权力格局。最终的结果是权力越来越集中。而权力越集中，官职也就越不像贵族的固有权力，而像是国君的额外赏赐。

另一方面是来自民间的变化。在西周的时候，只有官学而没有私学，民间完全处于无知无识的状态，国君即便想从民间选拔官员也无从选起。但是到了春秋时期，知识开始普及，知识分子数量呈现爆炸式增长。一下子，官员潜在储备得以极大丰富。而且这些知识分子本身也渴望做官，学了一肚子当君子的学问，怎肯老实待在家里浇粪种地？孔子之所以有这么大的号召力，很大程度上就是因为他“学而优则仕”的理论，给不甘心在家种地的知识分子提供了一条现实出路。而这种来自民间的求职压力也推动了选官制度的变化。

到了战国时期，世官制度就整体性地崩溃了。

让官员举荐官员

对选官制度来说，战国是历史上的一个巨大变动时期。这个时期没有一个稳定的选官制度，呈现出的方式非常多元。以秦国为例，就有军功、举荐、宾客、吏道、通法、征士等多种方式。这里尤其值得注意的是民间知识分子的上升渠道。这一时期，成百上千的知识分子在中国像蚂蚁一样东奔西走，四处找官儿做。

而对他们的选拔也呈现出相当大的随机性，往往就是看他们能不能用言语来打动掌权者。《战国策》收录了很多他们的言论，翻翻这本书就会发现，这些策士说起话来一个比一个夸张，一个比一个耸人听闻，这充分说明了当时的眼球竞争是多么激烈。

汉朝建立后，中国进入了很长的统一期。大一统的帝国再不能像战国七雄那样，它需要一个稳定的选官制度。这个制度不仅要考虑选拔人才的效率，还必须兼顾政治上的平衡。但是可供它选择的办法很少。贵族封建社会消亡了，世官制不可能再恢复，而从一群鼓唇弄舌的策士里选拔帝国官员，也极不利于稳定。汉朝本能地选择了另一个替代方案，那就是推荐制。当然由于帝国的复杂性，也保留了其他一些入仕途径，比如为了照顾高官子弟，有“任子”；为了解决财政困难，有“纳赀”等等，但主流还是推荐。

推荐包括两种，一种叫征辟，一种叫察举。征辟是“征召”和“辟除”的合称。征召是指皇帝以征聘的名义擢选名士担任高级官员。“辟除”又称辟召、辟署或辟举，就是高级官员可以自己招募下属，这些下属就有机会得到朝廷的承认，进入仕途。不仅丞相、三公有这个辟召权，就是刺史、郡守、县令这些地方长官也有这种权力。虽然在后来的王朝里，地方上的官员不能由一把手任命，必须由中央委派，但是在汉朝，一把手却可以自己组建领导班子。这样一来，只要地方长官看中了你，你就有可能成为朝廷官员。

不过汉朝更重要的是“察举”。所谓察举，是指让官员们进行考察后，向朝廷举荐人才。察举科目繁多，一般分为特举和岁举两大类，前者如贤良方正、明经、明法等，后者如秀才、孝廉等。刺史以上的高级官员举荐秀才（后来为了避讳改称茂才），郡守推荐孝廉，所谓“州举秀才，郡举孝廉”。这里的秀才可不是后来范进那种秀才，他们的身份要高得多，往往是现任官员，所以推荐秀才更像是官员系统内部的提拔，而举孝廉才是真正的选官，一旦被选为孝廉，就可以进入朝廷郎署，从平民变成官员。

举孝廉就像后来的科举制一样，非常正规。每年都要举孝廉，而且有严格定额指标。西汉是每个郡国两个指标，东汉是每20万人口分配一个孝廉指标。正常情况下，全国一年能出两百多个孝廉。这个制度听上去同科举制有点像，但是当孝廉不是靠考试，而是靠推荐，就是现在升学里所谓的“推优”。

那优到底怎么推呢？当然按照规定也有个标准，这就是所谓的“四科”。孝廉至少应该满足下面的四个条件之一：德行高妙（孝悌）、学通行修（经学）、明晓法令（文吏）、刚毅多略（能从政）。话是这么说，但到底怎么才算德行高妙，怎么才算刚毅多略？这就凭长官的自由心证了。

那么我们站在地方长官的角度去考虑，他们该选拔什么人当孝廉呢？古代长官和现在领导不同，他们技术控制能力比较原始，要想保持地方上的稳定局面，往往要依赖当地上层人士的配合，因此他们举孝廉的时候，不得不考虑“物情”。那推荐什么人算是合“物情”呢？只有两种人合适，一种是在当地势力大，一种是势力不一定大，但口碑好。因此，察举制导致了两个结果。

第一个结果是地方大族势力的上升。他们一代又一代向朝廷输送官员，获得权势，然后这种权势又进一步转化为在家乡的影响力，以确保他们的下一代继续被“察举”。这样一来，他们在当地的势力像滚雪球一样越来越大。于是，汉朝出现了权力的地方化。这种权力在关键时期甚至可以转化成军事力量。我们读《三国演义》的时候经常会发现，那些官员回到老家，动不动就能组织起成千上万的地方军队，这就和这种权力地方化有关。

第二个结果就是掀起了打造个人声望的热潮。在科举制度下，你能不能当官主要看考试成绩，舆论环境对你影响不大。周围的人要是都夸你，当然那感觉也不错，但毕竟不能直接拿来换好处。可是在汉朝，别人夸你“德行高妙”“学通行修”，你就能直接当官。所以不用想，你肯定天天琢磨着怎么让别人夸你。这个风潮一旦形成就不可收拾。大家都夸奖的人，就成了大名士，然后这些大名士夸奖你，你也能跟着成为小名士。而名声本身又是做官的渠道。这样就形成一条牢不可破的利益链。于是，中国历史上第一次爆炸性地涌现“名士”，用现在的话说，就是大V。这些人极其显赫，有的名士回老家，送行的车就有好几千辆。有的名士去世，送葬的有六七千人之多。翻翻《后汉书》，到处都是这些名士的光辉事迹。

除了名士，孝子也如雨后春笋一般大量涌现。既然察举“孝廉”，顾名思义，孝子肯定是会占便宜的，所以大家行起孝来格外起劲，出现了郭巨埋儿、黄香扇枕的行孝故事。当然也有造假的孝子，就像乐安郡的赵宣。人家守孝都是3年，他守孝20多年，就住在坟旁的墓道里，然后在墓道里生孩子。领导本来要“察举”他，后来发现他在墓道里生了五个孩子，勃然大怒：“你在父母坟旁干了些什么勾当！”反而把他治了个“诳时惑众，诬污鬼神”的罪。

从皇帝的角度看，这也是个头疼的事情，选官选出来一堆豪族和名士，给朝廷添乱。但是除此之外，一时也没有更好的办法，只能改善一些细节。比如汉顺帝时期，就搞了一个“阳嘉改革”。地方送上来的孝廉，朝廷不直接任命，还要出题考一考，“诸生试家法、文吏课笺奏”，勉强算是有点科举制的影子。但是这个改革影响很小，无法撼动整个社会风气。

九品中正制

一直到了汉朝崩溃后，中央政府才对察举制有了一个大改动，这就是著名的九品中正制。九品中正制起始于曹魏，定型于晋朝。大家都知道，这个制度导致了门阀的兴起，但是在开始的时候，中央政府制定这个制度并不是为了培养门阀，它的本意是要把察举的权力从地方收到中央。因此门阀兴起是一个计划外的后果。

九品中正制大致说起来是这个样子：察举的本质还是保留，但是不再用“德行高妙”之类的标准，而是让察举者对人物进行评议，分为从“上上”到“下下”九个品级。上上一品没有人能达到，二品就是最高级别了。而品级越高，入仕时的官品就越高。一般来说，人品与官品大约相差四品。也就是说，如果被评议为“二品”，那么你担任的起始官职大约是六品官。当然，这里有一个问题，谁来“品”呢？如果按照汉朝的办法，应该是地方官员。但是魏晋朝廷把这个权力拿了回去，让中央官员兼任州郡的“中正”官，对人物进行评议。

如果粗略一看，这似乎和汉代的察举制也差不太多，但实际上这里有两个绝大的不同。首先，在汉代，你是孝廉，我也是孝廉，大家进入仕途的时候是平等的。但是九品中正制给入仕官员划分了严格的等级。人品不同，上升空间的天花板也不同，这就逐渐在官场里产生了“清流”与“浊流”之分。其次，这个品评的权力被集中起来了，尤其被集中在“州中正”的手里。地方官员要考虑到当地舆论，而州中正是中央官员，在这方面的顾虑要小得多。这样一来，草根大V的黄金时代戛然而止。只要会造势、会打造个人品牌，汉代草根还经常能逆袭一下，但是在东晋南朝时期，这个途径就慢慢被关闭了。你守孝三十年又如何？大V夸你又如何？州中正就是不买你的账，就是给你个七品八品，你能怎么样？

让一个小圈子的人去接着选下一波小圈子，结果可想而知，高级职位很快就变成他们的囊中物，这个小圈子也就成了所谓的门阀。开始的时候大家可能还觉得不公平，但天长日久之后，大家对这种情况习以为常，觉得事情本来就该这样，潜规则变成了明规则，“中正”们直接用家谱世系来给人定品级。“上品无寒门，下品无势族”说的就是这种情况。当然，这是一个潜移默化的长期过程，在九品中正制刚刚推行的时候，大家是预料不到这个结果的。

“寒门”还不是最糟糕的，他们至少还有担当低级官职的机会。至于级别更低的“役门”，甚至连被品评的机会都没有。这样一来，中国社会又重新变得具有浓厚的等级色彩。但是它和西周春秋时期的贵族社会还是不同。在封建贵族社会里，贵族拥有明确的特权，同时对上级和下级也都具有明确的义务。而对于士族来说，一切特权、一切好处，都像是从这个社会系统里临时窃取来的，因此也没有产生相应的义务。相对于贵族，士族被免除了责任感。而责任感一旦不存在，荣誉感也就变成了单纯的傲慢。士族很快发生了堕落，其堕落的程度远远超过了春秋时期的贵族。到了南朝末期，士族已经变成了颜之推笔下的一群废物，“皆尚褒衣博带，大冠高履，出则车舆，入则扶持，郊郭之内，无乘马者……建康令王复，性既儒雅，未尝乘骑，见马嘶喷陆梁。莫不震慑，乃谓人曰：‘正是虎，何故名为马乎？’”这样一群堕落的废物当然没有办法永远掌控权力，权力最终像沙子一样慢慢地从他们手中流走，流到了“寒门”的手中。九品中正制已经失去了存在的意义。在延续了大约400年之后，随着隋唐帝国的兴起，这个制度终于消亡了。

走向科举制

世官制和推荐制都失败了。从隋唐开始，科举制开始出现了。这个制度的颠覆性，远远超过了科举制设计者的想象。不过从世官到科举，我们确实可以看到一个清晰的发展逻辑。当官是一种很大的好处，所以人们一开始的本能就是世世代代霸占这个权力，因此世官制是一种天然的选择。当世官制维持不住的时候，人们能想到的下一个替代方案，就是推荐制。官员虽然不再能直接生官员，但是他们还可以选官员。当这一个方法也失败的时候，人们就顺理成章地走到最后一步：既然直升也不行，推优也不行，那索性放开了考试，谁考上谁就当官。

在这个变化的背后也存在一个大背景，那就是皇权的上升。皇权是世袭的，但皇权很厌恶皇家之外的世袭；皇权对臣民是讲等级的，但是皇权很厌恶臣民中间还有那么多等级，最好是普天之下都是奴才。贵族和士族都是对皇权的约束，世官制和举荐制也都是对皇权的不便，相比之下，科举制对皇权来说就是最理想的一种制度。

只是走出这一步的话，确实存在很多未知风险。唐朝君主对科举制的态度就往往有点犹犹豫豫，拿不定主意。唐朝的入仕途径有很多，比如门荫、杂流等，科举出身的官员并不占大多数。而且唐朝的科举很多地方简直不太像科举，倒有点像以前的举荐。比如考试前，考生就公然请托，四处活动，还跑到考官那儿献诗献文，称之为“温卷”。经常考试还没举行呢，前几名就已经定下来了。这要放在清朝，主考官都得集体杀头。但是在当时，大家都觉得这很正常，甚至还传为美谈。

但是科举制的发展终究是不可遏制的。唐朝越到中后期，就越看重进士出身的官员。从朝廷到民间都认可了科举制的“正途”地位。当然，科举制的鼎盛时期要到宋朝才会到来，但是在唐朝，这个趋势已经不可逆转。科举制对中国的影响过于复杂，早已溢出选拔官员这一层面。它带来的利弊得失很难衡量，而且利弊标准也往往依赖于评判者的价值偏好。我们唯一能够确定的是，在唐朝发生了这样一场巨大变革，将中国政治文化史齐腰而斩，分割为面目迥异的两段。

（文/押沙龙）

举孝廉下的衍生品：“二十四孝”故事为何多发生在东汉？

在浙江湖州营盘山景区内，有一座“乳姑不怠”的雕塑曾引发热议，后来雕塑被拆除。

其实这座雕塑出自我国历史上流传的“二十四孝”故事，抛开其中的少数“过分孝行”，故事整体是在弘扬“孝”这一中华民族的传统美德。那么，古人为什么会编纂一个《二十四孝》的故事集，而其中的大多数故事又为什么会发生在东汉呢？

跻身治国大道：“孝”的一场升华

《二十四孝》一书的作者、成文时间目前尚有争议。历史学者杨伯峻在《经书浅谈》中认为，《二十四孝》应该是元代郭守正将24位古人行孝道的事辑录成书，由王克孝绘成《二十四孝图》流传世间；到了清末，再由张之洞等人将其扩编至《百孝图说》。

无论这份关于孝顺的故事集是如何流传的，但有一点可以发现，就是其中绝大多数故事都发生在东汉，这是为什么呢？

“孝”这件事，从诞生开始，就有着温暖美好的意味。早在远古时期，人们便有了“孝”的意识。“孝”字的本义尚有争议，不管是略显神秘的“生殖崇拜”，还是各式各样的“敬天祭祖”，都为“孝”这样的行为赋予了最初的美好期许，即敬仰与崇拜祖先、希冀福泽与庇佑。

先秦时期，人们对“孝”也有了更接地气的理解，便是从心里敬爱自己的父母，也是在这一时期，“孝”渐渐脱离了简单的日常行为，被纳入了道德体系，成为人们所追逐的崇高品德中的一种。孔子，算是其中的主要推动者。

《论语》有云：“君子务本，本立而道生。孝弟也者，其为仁之本与。”这么一来，“孝”成了人生在世的立足根基，只有做好这一点，才有资格谋求下一步的发展。孔子对“孝”还有着特别的认识，比方说，孝的核心是“敬”，也是对父母诚挚的爱。那要怎么做才算真正的孝顺父母呢？按照《礼记》的说法，便得有“和气”“愉色”“婉容”，时时刻刻都得对父母客客气气、和颜悦色，而且还必须发自内心。

《孝经》的出现，不仅将“孝”定义为“德本”，视其为“天之经也，地之义也，民之行也”，让“孝”有了自己的概念体系，还给了人们一本行孝“说明书”，把通过什么方式行孝、孝的原则、意义等这些问题，讲得一清二楚。

“孝”的真正升华发生在汉代。在汉朝统治者对儒家学说的极致推崇下，“孝”奋起一跃，从简单的道德要求，变成了治国方略中的关键一环。

刘邦建汉，在儒学的影响下，便慢慢有了“孝治”的做法。

其妃子唐山夫人所作的《房中祠乐》中便唱道："皇帝孝德，竟全大功，抚安四极。"不过，这时的孝治还比较笼统，也就是针对宗室诸王，封个同姓王，共同维护统治。

到了汉惠帝时期，"孝悌"成了教化百姓的一种手段。据考证，惠帝重孝，可能和叔孙通、四皓有关，尤其是儒者叔孙通。作为惠帝的老师，他不仅使"以孝治天下"成为汉室宗法利益中的主要内容，更想出了给皇帝的谥号加上"孝"字的"创举"。

汉代推崇"孝"的手段更是五花八门。

首先是统治者以身作则，带头行孝。《二十四孝》中的"亲尝汤药"，说的便是汉孝文帝刘恒的故事。文帝还专门设立孝经博士，其子景帝对待自己母亲窦太后也是好得没话说。

其次，便是大肆表彰孝举。据《汉书》《后汉书》记载，自西汉惠帝到东汉顺帝，全国性对孝道的褒奖、赐爵多达三十余次，各地还设有专门负责鼓励和保证孝道执行的官员，称为"孝悌""三老"。与之相对，在汉代要是有了不孝的名头，不仅会受到谴责，更可能触犯刑法，而且"五刑之属三千，罪莫大于不孝"，最严重的可能会丢掉性命。

如此而言，汉代孝子、孝行故事众多，也就说得通了。

勾连仕途：东汉与察举制

推崇孝道让汉代孝子多起来不假，可为什么这些孝子的故事偏偏能让世人知道，还有了记录在册的机会呢？难道人们孝顺父母，还拿着大喇叭宣传不成？

两汉时期，人们的孝道、孝行真的受到瞩目，甚至还会和官运仕途产生直接关联，这背后是两汉对“孝”的另一种推崇形式——察举制。

察举制始于汉朝，顾名思义，这种制度下，人们可以通过他人举荐来做官。而举孝廉，是其中非常重要的内容。所谓孝廉，即孝子和廉吏，后来合二为一，成了一种制度。相对于“廉吏”，“孝”更为注重从民间选拔人才，用大白话来说，即便你出身草民，但若行为向孝，感动世人，不仅有做官的机会，兴许还能成为大官，一举光耀门楣。

兴廉举孝的产生关乎着汉朝统治者对人才的渴求以及教化百姓的需要。汉高祖在位时，便开始要求官员们，但凡发现“有意称明德者”，必须得“劝为之驾”，汉文帝更是直接下诏：“孝悌，天下之大顺也；力田，为生之本也；三老，众民之师也；廉吏，民之表也。朕甚嘉此二三大夫之行。”

要求全国上下举荐“孝悌”“力田”“廉吏”，为了鼓励大家应选，文帝也是备足了诚意，决定赏赐三老每人帛五匹，孝悌和力田每人帛二匹。

真正的察举制始于汉武帝时期，主要推动者是大儒董仲舒。武帝元光元年（公元前134年），在董仲舒的提议下，各郡、国分别察举孝廉一人。“举孝廉”这种制度很快开展起来，逐渐成为汉室选拔官员的主要途径。对各郡、县的官员来说，察举孝廉不仅是责任义务，还和自己的乌纱帽有着直接关系。

到了东汉时期，察举制真正成熟起来。一来“孝”“廉”合为一科，且逐渐被固定下来；二来如何察举、向谁推荐等问题都被具体落实。比方说，按照当时的规定，察举的名额和郡国人口有关，郡国人口二十万以上的，每一年推举一人，不满二十万的，两年推举一人。三公、监御史、州牧等都有察举人才的资格。士人被举孝廉之后，大概率会被拜为郎中，然后内升谒者、尚书侍郎，或者外放县令，转升太守。概言之，“孝廉”渐渐地成为将草民百姓与官运仕途连接起来的一条通途。

“举孝廉”兴立之初，给汉廷带来了实打实的好处。一时间，读书人竞相开始追求孝廉，社会风气逐渐向好，而且越来越多品行优良的人才被发掘，为官执政，不少官吏还成了国家的股肱之臣。

“二十四孝”中的主人公之一，有着“江巨孝”之美称的江革便是如此。王莽时期，国家动荡，当时，临淄有个叫江革的人，他从小失去了父亲，与母亲相依为命。那时各地战乱不断，盗贼四起。盗贼不仅抢财物，还常常把家中的男子抓去逼着入伙。江革为了避乱，背着母亲弃家逃难。母亲年迈，腿脚不方便，为了尽量减少母亲的颠沛流离之苦，江革整天背着母亲奔波。一次，他们遇到了贼人，江革痛哭哀求，希望留下自己一命以照顾母亲。盗贼们被他感动，还给他们指引逃难的方向。后来回到乡里，江革成了远近闻名的大孝子，母亲去世后，他卧在冢庐旁睡觉，丧服期满，都不忍心离去。

天下平定后，到东汉明帝时，江革被举为孝廉，后升为司空长史、五官中郎将。汉章帝十分欣赏江革的德行，在他去世后还

专门在诏书中称赞其孝举："夫孝，百行之冠，众善之始也。国家每惟志士，未尝不及革。"(《后汉书·江革传》)

被举孝廉，入仕为官，报效朝廷，这成了许多东汉重臣的人生轨迹。东汉名士李膺、范滂、符融皆是如此，辅佐曹操半生、美名流传至今的谋士荀彧，最早也是出身孝廉。

从某种程度上看，此时的"孝"，不再是单纯的美德，也不光是治理方略。在朝，成为一种伦理秩序和官政准则；在民，则是言行的指导细则和求取功名的考核"科目"。

归于落寞："孝廉"的变味

按照最初的设想，举孝廉应是于国有利的，可为什么后来这种制度又逐渐被抛弃了呢？

首先，路径渐渐成了捷径。对士子而言，寒窗苦读多年，还不如装装孝子便能换得功名，这样的"买卖"确实"划算"，所以一时间，为了求名而弄虚作假、沽名钓誉者不在少数。

《后汉书·陈蕃传》中就记录着这样的例子。有个平民叫赵宣，下葬双亲后没有封闭墓道，吃住都在里面，地方官员感念其孝心，把他推荐给太守陈蕃。谁知一见面就漏了馅儿，陈蕃一问，原来赵宣的五个孩子都是服丧期间所生，气得大骂赵宣：你睡在墓道里，样子做足了，结果在墓中养育儿女，这是欺世盗名，辱没鬼神！赵宣没求到一官半职不说，还因此获罪。

其次，就算百姓端正了心态，可举孝廉的权力基本掌握在大族手中。"孝廉"早期全凭推荐，没有任何考核程序，所以，谁孝顺谁品德好，举荐人说了算。到了后期，干脆变成了“权”和“钱”说了算。据统计，顺帝初年，河南尹田欲察举六名孝廉，其中被大族指定的就有五名。钱财贿赂也是一种方法，考古工作者曾在东汉墓葬中发掘一块“吾阳成”砖刻，上书十九字，尽是对东汉时期为举孝廉而贿赂成风的痛骂与控诉。

最为可怕的是，凭着推举孝廉，高官的门生遍布天下，诸多“孝廉”逐渐缠绕出一个个世家大族，乃至一人身死，三百二十人“作谥”。正因如此，推举“孝廉”变成了一场风险投资，甚至是利益交换，察举之时，官员们还要计算“预期回报”，以至于“率取年少能报恩者，耆宿大贤，多见废弃”。此后，门阀士族们把持朝政、横行霸道，也就有因可循了。

当然，统治者也曾意识到这个问题。汉顺帝时期，名士左雄还搞了一场声势浩大的“改制”运动，增加“限年考试”之法，尝试用客观的考核制度挽救走向歧途的察举制。

作用倒是有，却没能阻止举孝廉的“落寞”。正如《抱朴子》中所嘲讽的：“举秀才，不知书。察孝廉，父别居。寒素清白浊如泥，高第良将怯如鸡。”

毕竟，当始于人性深处的温暖与慈悲，交织起利益和权名时，变质变味怕是无可避免。

好在举孝廉止步于旧时，遵孝道却传承至今。有关“孝”的暖意，今天的很多年轻人正在用更多元的方式传递给长辈。

（文/念缓）

作为科举制的前任，
九品中正制真的一无是处吗？

东晋永和十二年（公元356年），桓温率军北伐，船队来到泗水。大概是大军进军顺利，得意洋洋的桓温与一众僚属登楼船北望，编排了一顿西晋名臣王衍，指责这位三公之臣只会清谈，而全不通世务，以致中原陆沉。

在当时崇尚门第的大环境下，桓温这话刺痛了很多人。一位叫袁宏的记室参军站出来，坦言："运自有废兴，岂诸人之过？"国运自有兴废之时，不能把锅甩给王衍啊。

桓温一看原来是袁宏，微微一笑道："你们想必都听说过汉末刘表吧，他家里有一头巨牛，重达千斤，饭量十倍于寻常的牛。可是这头巨牛拉东西，还不如瘦弱的母牛。后来曹公破荆州，杀了分给士兵们吃肉，大家无不拍手称快。"

王衍是顶级名士，袁宏也是顶级名士，他们都是段子中的所谓"巨牛"。桓温赤裸裸地骂他大而无用，袁宏脸上白一阵红一阵，不敢再接话。

桓温是有名的段子大王，无论谁都敢骂，只是有时骂得深，有时骂得浅。这两个段子，其实不在骂人，而在于吐槽东晋士族只会空谈、全无用处。再往深处讲，算得上是对三国以来九品中正制的不满。

九品中正制发端于曹魏，正式光大于两晋，按说桓温也是受益者，连他都吐槽，说明这个制度本身刚一出现就有问题。

那么问题又来了，既然与生俱来就有毛病，三国时为何还要发明这种先天不足的制度呢？

病入膏肓的察举制

一物之生，必有其理。推源溯始，九品中正制之所以诞生，是因为它的“前任”——察举制不行了。

就选官制度的本质而言，中国古代其实只有三种制度——察举制、九品中正制和科举制。九品中正制之所以在汉末三国出现，并没有什么特殊原因，而是汉朝察举制的灰犀牛现象终于爆发了。

察举制的设计初衷是好的，选拔各地德行、才能较好的人才，担任国家官员。

但是这个制度关键在于，谁来察举？怎么察举？标准是什么？

制度运行之初，由于西汉社会风气比较清明，还算正常，选取了不少有真才实学的人。但到了东汉中后期，贪腐之风盛行、利益胶结固化，察举制也随之被投机分子琢磨出了漏洞加以利用。

一方面是负责察举的官员搞权力寻租。应劭《风俗演义》里记载过一个叫五世公的人，此人担任广汉太守期间，连干过两桩肮脏事。一件是荐举同岁（就是同一年被察举为孝廉，类似于后来明清时所谓同年）段辽叔的长子为孝廉。段家这个儿子不论德行还是操守都很一般，社会上闻之哗然。另一件就更令人不齿，他又荐举另一个同岁蔡伯起的弟弟蔡琰、儿子蔡瓒为孝廉，蔡瓒年方十四，连最低年龄都没到。事情弄到这个份儿上，不光因为社会风气坏，也因为察举制本身漏洞太大，缺乏制约，各级官员随便出卖国家名器换钱花。

另一方面，待察举的人也玩起了花招，用虚假的德行与名声糊弄察举官员。东汉强调以孝行举荐。青州乐安郡有个叫赵宣的人，为父母守孝，在墓道里住了二十年。这位老兄后来一炮走红，当仁不让地被荐举为孝廉。时任太守陈蕃很佩服他，叫来看看是何情况，一问之下，发现赵宣居然在二十年中生了五个孩子。真是一边树牌坊一边及时行乐，两不耽误。陈蕃大怒，当即废掉了他的孝廉资格。

回过头来反思，赵宣凭什么能骗过察举官员呢？不外乎察举缺乏一定的程序和标准，官员有时只是根据待察举人的乡间名声，就大致不差地确定其为孝廉。赵宣钻的就是这个空子。陈蕃之所以能戳穿赵宣，靠的是自己认真的作风。制度好坏，在于制度本身，而非执行者本身。从这个意义上讲，察举制度是不可靠、不客观的。

这种灰犀牛现象，有智者大多能发现，但如何去解决？这对汉朝人来说是个超越时代的难题，只能眼睁睁看着这头灰犀牛冲过来，而无力纠正。

种种弊端积累发展到东汉中后期，地方选举权被公卿大臣、名门望族所控制，选士任官的范围极度压缩，只在大家族的子弟中打转转，而不管其学问品质如何。我们固然不能否认，由于汉朝时造纸术尚未流行，读书、拜师成本极高，贵族子弟确实比平民百姓整体文化水平更高一些，但无论如何，缩小选拔圈子不仅使国家丧失了更广阔的人才基础，也使贵族群体因为缺乏竞争而日益庸劣化。“举秀才，不知书。察孝廉，父别居。寒素清白浊如泥，高第良将怯如鸡”成为察举制的真实写照。

袁绍动辄号称“四世三公”，但这看似牛气冲天的称誉，在袁氏集团被曹操击败后，反过来成了对汉朝察举制最现实、最直接的否认：流行了近四百年的察举制，烂到根子上了！

九品中正制横空出世

曹操既是察举制的受益者，也是受害者。他自负才能独步于当世，不需要虚头巴脑的名声，却还要仰仗名士的推荐才能入仕。年少时不得不卑辞厚礼，求许劭给他一个评价，许劭不得已评曰：“君清平之奸贼，乱世之英雄。”

这个夹枪带棒的评语自然上不了台面，如果真传到汉帝的耳朵里，怕不马上拉出去斩了。但能上得了许劭月旦评的“排行榜”，本身就是一种人脉加持。或许后来桥玄推荐他，与许劭的评价就有很大关联。

曹操20岁能够以孝廉入仕，代价却是被许劭损了一顿，成了一个久久难以消化的心结。这个心结，曹操即使后来统一北方、功成名就之时，仍然没有放下。他在56岁发布《让县自明本志令》时，还不忘把袁绍、袁术、刘表这三个名气最大的察举制受益者挂出来，结结实实编排了一顿。而真正令曹操吃够苦头的孙权、刘备，却不置一词，读来令人忍俊不禁。

在曹操看来，传统察举并不能真正选贤任能，选拔出来的多是有德无才、甚至连德行也不够的水货。

因此曹操在纠正选官制度时，非常注重纠正德行标准过高的衡量意义，将才识纳入人才评选优先级，在创业阶段反复提出了“唯才是举”的主张，反对虚伪道德和名实不符。同时，他还极力压制私人操纵选举，力图将选举权控制在政府手中，九品中正制的雏形初现端倪。

寒门出身的郭嘉，就是唯才是举原则的受益者，举止轻浮、不拘小节的郭嘉并不符合当时儒家的道德行为规范，如果按照察举制的标准执行，郭嘉有生之年可能和官场无缘，但在曹操这里却颇受赏识、身居高位，最终留下了主臣互相欣赏和遗计定辽东的佳话。

公元220年，曹丕称帝之初，面对的第一个难题就是如何安抚前朝既得利益集团的情绪，同时又能发展一批忠于自己的官员群体。为了取得世家大族的支持，保证改朝换代阵痛期的平稳过渡，经过一番权衡，曹丕采纳了颍川望族代表陈群提出的九品官人法，作为新的官僚选举制度；出于妥协，盛行于两汉时期的察举制没有被全部废除，留下来作为辅助。

相比盛行于两汉时期的察举制，饱受诟病的九品中正制有着它独到的先进性。

先进性之一，扩大了选士范围。

每一个制度设立之初都具有一定的积极意义，甚至可以说是符合当时行情的最优解，九品中正制也不例外。制度创立之初，先前的名士大咖私家点评定榜体系不再纳入职场任职资格参考，一扫汉末以来“出风头”的浮夸之风。

同时，因为各权力机构官员之间职能具有相互制约和监督的机制存在，大大提高了人才库中的人才质量，这一制度在曹魏前期为中枢和地方行政机构输送了很多优质人才，彼时虽倚重家世，但家世还没有跃升为唯一标准。从此，知识分子群体被细致分类，并根据综合数据定为了九个品级。因为这些更注重细节的考察，每个层级的读书人、士子，都有了入仕的机会。

曹魏名将邓艾是当时寒门代表人物之一。年轻时的邓艾只是一个普通的屯田民，凭借才学在耕陇之间“脱颖而出”，成为一名典农都尉学士，但也只是一名看守粮草的小吏而已。机缘巧合之下，邓艾的内秀被大人物察觉，从此迎来了破格提拔，纵横沙场，迈向人生巅峰，最终成为三国后期最出彩的名将之一。

西晋名将石苞，亦是底层出身，是一个县城的小吏，很好色，如果在察举制选官的时代，想要出人头地无疑是天方夜谭。但得益于九品中正制，石苞的经国才略得以施展，最终官至司徒，成为开国功臣，实现了阶层的晋级。

先进性之二，确定了细致的考察标准。

九品中正制更注重综合素质，考察得也更加全面，察举制下那种金玉其外、败絮其中的欺世盗名之徒难以浑水摸鱼。

朝廷在州和郡两级行政单位挑选有名望、有学识并且有识人慧眼的人，担任为政府网罗人才的中正官，定期对辖区内的文化人和有德行的人进行考察审核评定，分成九等品级，作为政府为被考察者颁发“公务员委任状”时的参考依据。

中正官主要负责察访本州、郡、县散处在各地的士人，综合道德、才能和门第定出“品”和“状”，供吏部选官参考。

如曹魏时中正王嘉“状”吉茂为“德优能少”；西晋时，中正王济“状”孙楚为“天材英博，亮拔不群”。中正根据家世、才德的评论，对人物作出高下的品定，称为“品”。中正评议结果上交司徒府复核批准，乡品高者做官的起点(又称“起家官”)往往为“清官”，升迁也较快，受人尊重；乡品卑者做官的起点往往为“浊官”，升迁也慢，受人轻视。

中正评议人物照例三年调整一次，由于中正品第皆用黄纸写定并藏于司徒府，称“黄籍”，故降品或复品都须去司徒府改正黄纸。

这种看起来烦琐的环节，蕴藏着曹魏朝廷防范大而化之选官的深刻用心，是防范赵宣模式再现的制度基础，就算中正官傻，分辨不清赵宣或者王宣、李宣是不是作假，但不可能所有中正官都傻，总会有一个人或者一个层级的人查知真相。

当然，肯定有人注意到，九品中正的选官范围虽然扩大了，但仍然没有延伸到整个社会，参与选拔的士人，几乎都是地主阶层——笔者找不到更合适的概括词，姑且以这个名词概括当时具有一定经济能力、能够接受文化教育的群体。桓温之所以吐槽九品中正制重名品、轻才能、固化阶层，根源就在于此。

那么为什么魏晋没有直接跨越到科举制呢？毕竟察举制中也有一些科目需要进行文化考试，魏晋怎么不将其发扬光大？这还要和当时具体的社会环境结合起来讨论。

在纸张还是稀有之物、印刷术更不知为何物的时代里，书籍这种珍稀教育资源只掌握在帝王家和少数大家族手中，普通老百姓甚至连温饱都没有稳定保障，即便有读书上进的心思，又有几个能侥幸窥见一文半字，甚至被名宿和地主之家破格“点化”呢？

知识被垄断的同时，国家开设的官学也因为汉末战乱而变得萎靡不振，这时只有大家族还在坚守文化传承这一项重任，士族地主“多研讨儒经，遵循礼法”，士族地主作为整体仍不失为一个相对优秀的群体，他们相对来说，拥有更成熟的文化基础和政治历练。

所以，九品中正制没有从根子上掀翻察举制，而是有限度地扩大选士范围。要想绝对公平、绝对选优，中正官只有对近乎文盲的广大民间少年群体，进行旷日持久地考察培养，发现谁有潜质再送去学习。

在这种限制之下，将“门第”设为评判标准，是一个相对经济、相对便捷、相对符合实际的最优解。

九品中正制：统治者暗藏的心机

九品中正制有这样那样的毛病，包括对豪强世家地位的进一步确认、固化，自曹魏发明制度时就大概能预见到。但是曹魏以后为什么一直奉行呢？

任何制度的设立，都有其复杂性，包括目的。魏晋统治者之所以坚持九品中正制，除了更高效地选拔官员，其实还有别的心机。

比如强化中央集权。

在察举制盛行的时代，孝廉的荐举和乡闾评议都掌控在当地的世家大族手中。大汉帝国强盛时，中央对地方郡县保持着强有力的控制，官员察举尚且不敢肆意妄为。但到后期丧失对地方控制力后，由于制度本身没有约束力，官员们察举无人限制、无人监督，可以随意施为。不仅推荐阿猫阿狗当官没人管，这些阿猫阿狗还会一辈子将察举官视为恩主。

曹操在统一北方的战争中吃过实实在在的亏，许多袁氏门下的所谓门生故吏，都是通过这种纽带联结起来的。曹魏推行九品中正，就对准了这个弊端，通过细化中正官的分级、增设吏部的最终选拔权等手段，把这方面的权力收归中央。

又比如，对社会风气进行纠偏。

汉末以来王纲失序，社会上各种秩序都乱了。想当官的人，基本上没有什么好的办法，只好求助于察举。而察举第一标准就是名声，士人趋向浮华，刻意造人设，而忽略了实务能力，造成一大批只会空谈、徒具空名，而一到实务就原形毕露的假名士、真废物。

刘表交游的名士，个个名动一时，都是察举官员们争相举荐的高士。但后来的结果大家也看到了，天天名士堆里打滚，有“江夏八俊”光环的刘表，一旦遇到真正的挑战，迅速露出外强中干的本相，先被孙坚暴捶，后被曹操吞并。

曹魏立国之初就进行了德才大辩论，提倡唯才是举，甚至还一度走极端把德的标准一降再降。九品中正制刚出现时，整个社会一扫汉末以来那种道貌岸然的朋党营私和有名无实的社会风气，一时间政治圈和文化圈都呈现风清气正的良好面貌，文化大咖对其赞不绝口。称其为“不拘爵位，褒贬所加，足为劝励，犹有乡论余风”。

我们承认九品中正制天生带有不足，其自身的约束力不足以支持它健康运行足够长的时间。由于它的选士对象局限于地主阶层，直接助力豪门大族得到更优势的政治文化资源，通过家学培养源源不断地制造人才，形成对平民越来越大的优势；又由于中正一职常为世家大族所把持，九品中正制的纯正性并没有延续多久，到了曹芳执政时期，品第偏重门第已成事实。

但不得不承认，九品中正制又具有不可或缺的历史作用。

作为察举制的一种变相延续，九品中正制通过300多年的实践，把考察选举这种选官办法的各种可能性都试遍了，终于得出一个结论：此路不通。

正是基于这种试错，南北朝后期选官制度才走向另一条道路，就是把察举中对于经义的文化考试发扬光大，通过直接考核士子本人的文化水平，来确定其优劣。之后才有了隋朝的科举。

从宏远的历史维度回看九品中正，很难一言概之它到底是好是坏。或许，混沌、复杂、牵缠，原是历史的本来面目。

（文/陈峰韬）

曹魏爱写诗，蜀汉多论文：东汉书生、宦官、外戚到底在争什么？

假如你有幸穿越两千年、回到东汉中后期的洛阳城，当街碰上那些冠巾招摇的知识青年时，可千万长个心眼——别随便跟人谈论诗歌。因为你有97%以上的概率被当成斯文败类，遭到白眼、嘲讽甚至殴打。如果你谈论的恰好还是《古诗十九首》之类的五言诗，那么很可能闹出人命。若你运气足够好，撞上了剩下那3%的概率，那么恭喜你，你已经荣幸地跻身朝廷候补心腹之列了！

这是咋回事儿？

书生的天下？

当书生们刚走上西汉的政治舞台时，他们只是一群顽固、狡猾，但相当弱小的群体。

当他们逐渐站稳后，就原形毕露了——他们垄断了文化教育、左右了社会舆论、控制了干部梯队，还成天用什么“天人感应”“五行始终”给皇帝和朝廷大臣洗脑。

到西汉中后期，吃皇粮的书生们开始疯狂滋长——《汉书》

作者班固曾经吐槽道："自武帝立五经博士，开弟子员，设科射策，劝以官禄，讫于元始，百有余年。传业者浸盛，支叶蕃滋，一经说至百余万言，大师众至千余人。"有些所谓的大师更是超级话唠，仅《尚书》中"曰若稽古"这四个字，就能演绎出三万字的讲义来！这么能说，谁受得了！

汉宣帝算是明白人，懂得"汉家自有制度，本以霸王道杂之"的道理，治天下哪能全听知识分子们忽悠呢！他主持召开了"石渠阁会议"，企图按朝廷的意愿统一思想，但会后不久他就去世了，这次尝试宣告失败。

最后，王莽和一群知识分子搞了一次开天辟地的政治实验。他们依照《周礼》来改造衰亡中的帝国，并把这个实验性帝国改名叫"新"——结果这个倒霉的"新"帝国，不出意外地被这帮胆大心急、眼高手低的理论派给搞垮了。

重整河山的汉光武帝刘秀吃一堑、长一智，不敢再相信书生。汉光武帝依靠南阳、颍川、河北的豪强势力拥戴而上位，为了羁縻、笼络这些豪强土霸王，便和他们结成儿女姻亲——刘秀不敢触动业已根深蒂固的豪强势力，只好让他们以血统参股的方式，来共同分享帝国的最高权力。

但光武皇帝的妥协，从一开始就给东汉帝国埋了雷。皇位仅仅两传之后，这些姻亲舅爷们便反客为主，靠挟持外甥而成为帝国的实际主人。外甥皇帝当然也不服气，又依靠身边的宦官发动反击，从舅爷手中夺回权力。

东汉中后期的历史，就是一场外戚和宦官轮番把持帝国权柄的乱战。

这场乱战中，业已靠边站的书生们，只能跑龙套。

当权派虽然偶尔也邀请他们入朝参政，但他们可不敢再像西汉一样，以什么“天人感应”“五行始终”为辞，忽悠皇帝退位让贤，他们的日子并不怎么好过。

但书生们胸中有伟大的理想，他们中的佼佼者，继续刻苦钻研传统政治理论，著书立说、广收弟子、私相授受、朋比牵引，遂逐渐上升为学阀世家，子孙世代相继把持着对经书文义的阐释权。

这就与中世纪欧洲僧侣所扮演的角色差不多了。

外戚做朋友

欧洲的僧侣以神权维护王权，东汉的学阀以圣人之说、谶纬之言维护皇权。大家玩的是同一套把戏。口衔圣人之说的学阀们，讲的是“君君臣臣”之道，维护着“上智与下愚不移”的既得利益秩序。

他们给自己标定的人设是如此清晰，即便是不学无术的豪强外戚，也很快意识到书生是自己天然的同盟军——所有的既得利益集团，自然喜欢现行秩序的维护者。

所以在外戚当权的时代里，舅爷总会装出一副礼贤下士的样子，客客气气地邀请有社会影响力的学阀出来做官。书生虽然也会做出各种姿态，但到底扛不过千钟粟和颜如玉的真香定理。他们非常不情愿地说：“罢了，为了天下苍生，老夫就入世走一遭吧！”或掐指一算道：“自筹的经费不够学生们吃了，老夫还是去找大将军申领点皇粮吧！”就这样，很欢快地搭上公车去洛阳城，累世为官。

正所谓利之所在熙熙攘攘，洛阳城里的学阀和候补学阀很快就多到让朝廷吃不消、养不起的地步——因为仅仅是太学生，就达到了三万人之众！

涌入洛阳城的书生越来越多，朝廷能提供的“经费”有限，难免竞争激烈。

经学主旨是维护大一统局面和既有秩序，主力是各路学阀和太学生。寒门出身的宦官和他们的朋友（主要是商人和庶族地主），恰是既有秩序的破坏者——他们既要从舅爷手里抢皇帝，又要从学阀手里抢编制（或者叫“经费”吧），还要跟世家大族争做土豪——所以正统的书生和公公，显然就不可能做好朋友了！

书生们只能更拼命地抱紧帝国权力的另一极：舅爷。交投名状的主题是用各种方法打击舅爷的敌人公公。除继续垄断文化教育、操纵社会舆论、控制官吏梯队等传统优势项目之外，后来竟不惜赤膊上阵、斯文扫地，对公公们大打出手。

公元166年，宦官集团对以李膺、陈蕃为首的官僚集团，以郭泰为首的太学生发动了第一次大规模的迫害活动，结果李膺等被遣送怀乡，“禁锢终身”，这就是第一次“党锢之祸”。后清流领袖陈蕃，帮助皇帝的老丈人窦武发动武装政变，企图族灭宦官。结果办事拖沓啰嗦，被狗急跳墙的宦官领袖曹节率领众公公们反杀。是为第二次“党锢之祸”。

宦官也不傻

这两次“党锢”事件，直接导致了公公对“正统派”或更确切说叫“经学派”的全面开战。

公公们虽然出身寒微，但脑子并不傻。

在与书生的斗争中，他们逐渐弄明白一个道理，只要经学的原教旨不改，以“经义”为政治纲领的书生们就绝不可能跟自己做好朋友。

于是他们想出一条既釜底抽薪、又杀人诛心的妙计。

为了不让书生们全部站到舅爷的阵营里去，公公们便啖之以利，忽悠皇帝成立了一个叫“鸿都门学”的大学堂，以和“正统派”大本营的三万太学生相抗衡。

和太学里那些成天鼓捣经学、钻研政治、积极参与党争的“正统派”不同，“鸿都门学”的学术专业显然要平和得多，他们研究的是诗歌、小说、词赋、绘画、书法这些修身养性的东西。

公公们当然希望书生们把精力投入到这些中去，因此对“鸿都门学”大力推介，学生考试成绩及格的，就给大官做；不及格的也给个不错的出身，多少做个小官。

从这时候起，经学与文学就算分了家，文学到底算是一件工具还是一门艺术，从此就纠缠不清。这就为科举时代的“经义”与“文学”之争，埋下了千古伏笔。

“鸿都门学”的学生人数，在高峰期曾达到一千来人——但与多达三万人的“正统派”太学生群体相比，又属微不足道了。所以若穿越回桓灵时期的洛阳街头，你所遇上的知识分子，有97%的概率是太学生——跟他们得讲《书》《礼》大义，最好多唱唱《公羊传》“王正月，大一统也”之类的高调。

但不管是太学，还是“鸿都门学”，终究都还是书生的阵营，公公们所要依仗的下层寒门盟友，单要靠这条出路参与国家政治还是很不容易的——说来也很简单，这些奸商老财的子弟们如果真是读书的料，早投到书生的主流阵营里去了。

所以，公公们索性忽悠皇帝为自己的盟友打开另一扇方便之门——卖官鬻爵。他们打算让那些有经济实力和社会影响力、却又不具备做官资格的，通过这种特殊的方式参与到国家政治中来。这个出卖参政议政权利的市场，就设在洛阳宫苑的西园，后世也称为“西园卖官”。

当时的定价机制相当灵活，实际成交价格常常依据买家的家资名望有所浮动，存在着明目张胆的价格歧视。比如说基价一千万钱的“三公”，大名士崔烈就可以享受五折实惠，只花了五百万钱就买到一个司徒。但同样是“三公”中的太尉，出身不那么清白的曹嵩（即大宦官曹腾的养子，曹操的爸爸），就得掏出十倍的价钱，也就是一亿钱才能得偿所愿。

我们当然可以说曹老爷是冤大头，不过我们更应该明白这样一个事实——崔大人即便不掏钱，也未必做不到“三公”；曹老爷正好相反，他即便掏了冤枉钱，也做不稳“三公”。所以崔大人虽然得了实惠，但未必会赞誉这个办法；曹老爷呢？他虽然吃了点小亏，但起码满足了一个家族梦想。

这些异想天开的行为，在为那些本来不具备参与国家政权资格的家伙们打开一道大门的同时，也完全背离了帝国的传统政治轨道——因为从反方面讲，这正是以剥夺“正统派”的参政权利为代价的，他们当然没有任何理由去喜欢它。

黄巾的冲击

公公们的胜利也注定是短暂的，因为帝国巨大的传统惯性很快就将发生作用。接下来发生的太平道所领导的“黄巾之乱”，又把它拉回原来的轨道。

下层出身的公公们，终究和那些深受儒家思想熏陶的书生有本质差别。书生知道“子不语怪力乱神”，所以他们也不大肯相信那些怪力乱神的东西。但公公们不同，他们不但相信，残缺的身体往往还驱使他们更为迫切地去寻找灵魂的寄托。所以，“黄巾之乱”爆发时，汉灵帝竟发现他所宠信的公公中，居然有两个太平道的信徒，而且正准备为了虚幻的信仰而出卖他和他的帝国!

皇帝愤怒了，但他手里再没有别的力量可用——帝国体制只给他准备了两套班子，不是外戚，就是宦官。他只得走回用外戚的老路子，请出自己的大舅子何进来担任大将军，负责全国的“剿匪”军事，同时还拉出一帮仍然在“党锢”中的书生呐喊助威。

在他们的努力下，“黄巾之乱”很快被平息了。

靠平息“黄巾之乱”而重新回到政治舞台上的舅爷与书生联盟，成为拯救帝国的英雄。他们很自然地要求帝国政治重新洗牌，公公们也意识到自己暂时斗不过这些威震天下、且刀把子在手的家伙，答应退让。但书生还不肯答应，他们还在想着要报两次“党锢”事件之仇，所以以袁绍为首的“正统派”们坚决要求根除宦官势力，这就使得双方的冲突激化，非你死我活不能了结。

公元189年，汉灵帝去世，双方立刻发生火并。先是宦官诱杀大将军何进，随后何进手下的袁绍等人又尽杀宦官，导致双方两败俱伤——这是人们所熟知的《三国演义》里的故事。

曹魏好诗词，蜀汉写论文

皇权的两大支柱，外戚与宦官一块儿完蛋，失衡的帝国顷刻间崩溃。乱世的烽烟中，书生们纷纷化为尘土，然而诗的种子却已播撒生根。

是谁写下了“青青河畔草”，今已无从详考。但后文“昔为倡家女，今为荡子妇。荡子行不归，空床难独守”之语，却给我们留下了寻踪的线索——这些诗篇，显然不是出自“正统派”士人之手。他们皓首穷经，一生只讲道德操守、微言大义、行文逻辑，在他们眼中，文学并非情感的寄托。他们之所以还能容忍四言诗，也仅仅是因为《诗经》上就有四言诗，算是“于传有之”，不得不认的特例。至于五言诗，在他们看来不啻于离经叛道的“淫词滥调”，更绝不可能写出“空床难独守”这样的市井艳词来传世。

所以，以“青青河畔草”为代表的汉末五言《古诗十九首》，几乎可以肯定是出自“鸿都门学”文人群体之手。

在东汉后期的公公们的关怀下，“鸿都门学”开创了五言诗与文学艺术化的先河。这个文人群体有过短暂的辉煌，但随即湮灭在汉末兵火中——灵魂与肉体。竹简与诗歌，都在“十常侍之乱”与董卓焚毁洛阳的劫难中灰飞烟灭。

但历史终究是有蛛丝马迹的。

后人所能看到的，是“建安七子”领袖五言诗崛起。《文心雕龙》称汉魏之际“五言腾踊”，从此文学尤其是诗歌，乃可以登堂入室而成为艺术。而“七子”之中，沈德潜又说“孟德诗犹是汉音，子桓以下，纯乎魏响”——曹操还写了不少颇有影响力的四言诗（如《步出夏门行》），曹丕、曹植就以五言诗为主了。曹家本是公公之后，又处于挑战正统皇权的地位，自然也就不惮于引领一群邺下文人群体，再多搞出个文学革命来了。

反观“正统派”人设的蜀汉文人群体，他们就绝不写诗，更不会写五言诗——他们只写《出师表》《陈情表》《仇国论》这样铿锵有力的议论文。

曹魏写诗，蜀汉议论，原来如此。

（文/江上苇）

汉唐岁月里，
门阀士族为何能长期垄断知识？

科举为什么始于隋、盛于唐？或者反过来问——门阀士族究竟凭什么能在从东汉到唐朝的漫长岁月中垄断政坛？如果我们仅仅拘泥于政治，而不把技术因素纳入考虑范畴，那就难免将东汉魏晋至隋唐间的当权者们想得太简单了。

实际上，要想从“门阀政治”进步到“科举政治”，必先具备三个前提，即语言的统一、思想的统一以及技术的支持（造纸、印刷、出版及相关产业链的发展）。

门阀士族的养成之路

我们眼中的理所当然，在古人眼里常常是高不可攀。

比如这个周末你实在闲得慌，但又不想去太远的地方，也不愿意待在家里，而是突发奇想要研究一下政治经济学，略抒经纶天下之志向，你该怎么办呢？

如果你手头恰有几十块零钱，就可以到书店里去买本相关的书来看看。

如果你觉得贵了，还可以去淘各种版本的旧书——唯一算得上是缺点的，就是年头久远，可能比你我都还大上好几岁。

又或者你实在一分钱都不想花，那也有办法：你可以去泡泡图书馆；要是不怕眼睛累，还可以直接点开电子书；或者打开视频网站，没准哪位大咖正在开播相关讲座。

总之，在我们的时代里，知识就像灿烂明媚的阳光，只要你随手拉开窗帘，就可以自由地沐浴在其中！

可如果你生活在一两千年前呢？那可就不太一样了。

你可能只在给镇上的悦来客栈送柴火时，才偶然听到几个住店的客官谈起一种叫作“经学”的东西，而且可能还只是半吊子水平。

更重要、也更现实的是，据说皇帝相当尊重这些研究“经学”的知识分子，肯给他们官做——于是，为了光宗耀祖或是济世安邦，为了虚拟的或是现实的，为了高尚的或是庸俗的——不管我们怎么去描述这个目的的性质，反正你是下定了决心，准备投身于“学而优则仕”中去。

可是，现实是残酷的——你很清楚地知道，在你所居住的镇子上，并没有谁懂得这门学问。虽然传说中有一种用竹片串起来，写满了字的叫“书”的东西，但这东西相当稀罕，在方圆数百里内，还没听说有谁家珍藏得起——就是到了1940年初，范文澜跑遍延安城还找不到一套《二十四史》或是《资治通鉴》呢，亦只好干瞪眼。

于是，你只好跑到邻近的城里去碰碰运气。

又或者，你听说扶风的马老师是著名的经学大师，只有投到他的门下才会有前途。于是你二话不说，立刻就从胶州湾畔的老家出发，千里迢迢地跑到陕西去了——如果你走得飞快而又心无旁骛，大概要走上三个月；若你不巧在途经高老庄时被绣球砸晕，那恐怕永远也到不了。

好不容易找到地方，偏偏马老师又推辞说自己年纪大了，不愿意再收徒弟，你顿时就傻了眼。

还好路过的卢大人是个热心肠，听完你的哭诉后竟答应帮你的忙。冲着卢大人的面子，马老师只好收下你做挂名弟子。好心的卢大人还顺手帮你送了成捆的干腊肉做学费——这就叫作“束脩”。

于是，你满怀着对卢大人的感激和对未来的憧憬入学了。

可是这里的学习生活并不像你想象得那么美好，你足足待了三年，可马老师连句话都没和你说过，更甭说亲自指导了。也就是你那些成绩稍好的学长们，偶尔出来敷衍了事地给大家开个讲座啥的。

虽然你各门功课都很优秀——尤其是数学成绩更是出奇地好，因为你以前是个卖柴火的嘛——但马老师似乎完全没有赏识你，并推荐你出去做官的意思。

更确切地说，他老人家根本就不认识你。

直到有一天，马老师推算天文学，碰上了一道难解的方程，突然血压飙升头脑眩晕而颓然倒地，于是旁边的大师兄便推荐你去帮忙。卖柴火出身的你果然不负众望——从这时起，马老师才算知道有你这么一号人物。

在他的亲自指导下，你的学业突飞猛进。

等到终于打算毕业时，你算了一下，你在马老师门下总共待了七年：前一两年，你其实完全是在学习陕西话——没办法，谁叫你是个山东人呢？如果再加上路上花费的时间，以及为了筹措路费而打工的时间，十来年已经过去了，此刻的你已经是个中年人了——在那个时代里，你甚至都可以算是长寿的了。

可你仍然是个幸运儿，有多少比你走了更多路、吃了更多苦、花了更多时间的人，这会儿连陕西话还没说利落呢！

虽然你也不是不可以把学习的窍门传授给他们，但你花了那么大功夫学来的深奥知识，总不能随便就便宜了别人吧？你通常更愿意把这些功夫花来辅导你的小儿子，或者是特合你心意的弟子。

于是你在不经意间，便垄断了一种叫“经学”的知识。

以上这段故事，并不是凭空胡诌，而是实实在在地糅合了两个大人物的真实经历——一个是东汉的经学巨头马融，一个是唐朝的禅宗六祖惠能和尚。也就是说，在上至汉下至唐的漫长岁月里，技术条件的欠缺，在很大程度上助长了学阀们对知识的垄断。

当时，“经学”被尊奉为大一统王朝的主要思想，一切国家行为都要依照“经学”运作。于是这种知识就堂而皇之地成为做官的本钱——弘农杨氏靠研究一部《尚书》，四代人里出了三位高官；汝南袁氏更加厉害，靠研究《孟氏易》，四代出了五位高官！

就这样，你的家族渐渐成为专门出产高官的“士族”，盘根错节的姻亲门生关系，以及从小便受到熏陶的先机，更是让你的后辈子孙仕途顺畅，世代簪缨。

于是数代之下，满朝尽是你的亲朋故友……

公元220年，曹魏吏部尚书陈群提出“九品官人法”，即人才被分为上上至下下九品，作为任用提拔的依据，为曹丕批准，从此成为魏晋之后，长期的经典选人用人制度。

从此，官宦子弟凭着家世背景，打小娴熟于官场礼仪，还凭姻亲关系不断拓展官场人脉网络，自然世代生而显赫，为刀为俎；而没条件接受“素质教育”的寒门子弟，则被彻底摒弃于体系之外，只好世代生而为贱民，为鱼为肉——直到科举制登场。

然而，科举制所需的技术条件，却注定不会出现在“世家政治”的时代——这，就是那些“生而为鱼肉”者的宿命。

更恰当地说，是技术的悲哀。

洋技术的启发

“思想的统一”，我们很容易理解——不就是编个《氏族志》，定个“十三经”么，可是什么叫作“语言的统一”？难道隋唐之前的人不是说汉语？

如果你问临淄人什么是汉语，那么他会很自豪地告诉你，他说的就是汉语——可麻烦的是，邯郸人、宛城人、会稽人也都这么认为。

严酷的事实是，他们所说的“汉语”，都和长安人或洛阳人说的“汉语”相去甚远。而这些地方上的人之所以会这么以为，只是因为他们一辈子都生活在那样的语境中。

更要命的是，即便是那时最博学多识的学者，也无法制定出一套权威的“汉语”标准。因为他们手里压根就没有一把规范语音的标尺，只好模糊地约定俗成——皇帝说的话就是标尺。皇帝说长安话，长安话就是标尺。皇帝搬家去洛阳后，标尺就变成了洛阳话。

直到东汉明帝时，一切才有所改观。有两个身毒国（古印度）和尚，牵着一匹白马，扛着佛像和《四十二章经》来到中土。皇帝怜悯远道而来的和尚，在京城给他们修了房子养马，这就是关于洛阳白马寺的一种传说。

从那以后，越来越多的和尚跑到中土来传播他们的教义。这些和尚为了让中国人理解他们的思想，孜孜不倦地学讲中国话，还取了中国姓：天竺来的自称姓“竺”，康居来的自称姓“康”，月支来的自称姓“支”，与文人雅士讲俏皮话也丝毫不落下风。

在刻苦钻研之后，好事之徒们终于发现了秘密所在：原来和尚们是掌握了一种独门武器！他们把汉字读音分成声母和韵母两大部件，这样，就可以用有限的几个拼音，把无穷的读音组合标注出来（用语言学术语讲，这就叫作“语素的分解”）——而不是逐字记读音——而这种思维方式，自然是源于他们拼音化的母语了。

受到启发的中国人，遂袭用此法标注文字，用中国式的“拼音”去替代。比如不知道“东”字的读音，就旁注为“德红切”——即用“德”的声母，“红”的韵母，切读就得到“东”，这就是“反切”法。

当然，这种注音法的缺陷显而易见：如果“德”“红”两字读音你都吃不准，那么“东”你就读不出或读不准。但不管怎样，“反切”法至少为那些困在语言学的黑暗中的人们提供了一套最起码的解决方案。

只不过“反切”法出现得太晚，在它来不及规范“南腔北调”之前，王朝就分裂了。政治上的分裂，使得人们无法逾越列国疆域上的鸿沟去统一自己的语言，但他们从来没有放弃过希望，一直在孜孜不倦地为世界规划着未来——直到隋唐盛世的到来。

国标汉语：“三姓家奴”的贡献

话说隋朝开皇年间的某一天，长安城里一群不务正业的官员闲极无聊，跑到太子洗马陆爽家里蹭饭。

去的都是些什么人呢？一个个数来：

仪同刘臻，先后做过南梁、西梁、北周、隋四朝的官；

前武阳太守卢思道、著作郎魏澹、咨议辛德源、内史侍郎薛道衡，这四位均为北齐、北周、隋的“三朝元老”；

国子监萧该，南梁、北周、隋的“三朝元老”；

常侍李若，仕宦履历不详，但也少不了北周、隋两朝的履历；

最传奇的是外史颜之推，此公前后换过南梁、北周、北齐、北周、隋五个东家。其间曾自北周跳槽北齐一回。北齐灭亡时，他又企图跳槽南陈，然未得逞，只好再仕北周，差点儿就在当世帝国里跳槽一整圈！

所谓物以类聚，主人翁陆爽自然也不会是什么忠良之辈，他也是混过北齐、北周、隋三朝的主儿……

原来是一帮子“三姓家奴”，这帮人聚一块儿那是相当之可疑啊！

有人记录了那天晚上发生的故事。

一切一如既往，先吃饭，再喝酒，酒劲上来了就骂人。

因为这帮家伙不是搞文秘就是搞外交的，又多有天南海北跳槽的经历，所以骂着骂着，就扯到当时天下语言之纷乱：“古今声调既自有别，诸家取舍亦复不同。吴楚则时伤轻浅，燕赵则多涉重浊，秦陇则去声为入，梁益则平声似去……”

骂完全中国后才吃惊地发现——这天下竟然就没有一种标准汉语！

这还了得？大一统是必然趋势，今后政事堂里一番南腔北调，大家不是鸡同鸭讲么？

于是，此夜无寐……

一眨眼，十来年就过去了。

隋文帝仁寿元年，那天晚上负责记录的陆法言（陆爽之子），以诸贤的见解为纲，又辅以自己的苦心研究，终于整理出一部韵书——亦即隋朝版“国标拼音”。而那一夜的故事，则被他写入了《切韵序》中。

就如预测的那样，随着天下的统一，皇帝立刻意识到了统一语言的重要性。

为了在召开政事堂会议时不至于南腔北调（对从小受到家教熏陶的世家子弟而言，讲一口流利的“官话”不成问题；但对那些“朝为田舍郎，暮登天子堂”的寒门士子而言，这却绝对是个很挠头的问题），唐朝在科举考试中加入了律赋和律诗项目——所谓“律”，即韵律。律赋、律诗都必须在限定的韵律和规格下完成，一旦出韵、出律就等于落榜。

而“律”的标准，正是那套“国标拼音”——《切韵》。从此往后一千年，《切韵》系统的子子孙孙一直是主宰科场成败的“终极判官”——文章差一点尚可，出韵、出律就必定落榜。诗家所传“平生双四等，该死十三元”的典故，就来自清朝大名士高心夔两次科考（其中一次还有人给他泄露考题），均因“元”韵玩不熟而落第的笑话。

用今天的话说，这考的就是个“普通话”水平呢！

就技术发展的脉络来看，唐朝无疑是个幸运儿：东汉为她引进了拼音技术，魏晋帮她山寨出了“反切”法，隋朝再进一步制定了汉语国标。

当技术跨越瓶颈跃上新台阶之时，古代政权的政治组织也就会发生与之相应的变化。当成熟的技术条件与恰当的政治条件交汇时，旧世界将轰然崩溃——人们不再因血统歧视生而为贱民。至少从理论上讲，高高在上的庙堂，从此便向每一个人公平地敞开了大门。

（文/江上苇）

南朝时代，寒门子弟凭借什么突破门阀垄断、完成崛起？

公元502年，梁武帝新任命的益州刺史邓元起要上任了。他兴奋地从建康出发一路向西，奔赴帝国遥远的西陲成都。路过江陵时，刺史大人想要带上母亲一同赴任。不料母亲坚决不肯同往，理由倒不是安土重迁，老太太突发异词："贫贱家儿忽得富贵，讵可久保，我宁死不能与汝共入祸败。"

邓母这话是否殊不可解？邓元起乃是梁武帝开国的从龙之臣，战功卓著，很受信任，已然一颗冉冉升起的政治新星，为何要说"共入祸败"？

邓母并没有未卜先知的超能力，这话的根源，要归结到东晋南朝寒门士人的矛盾心态。

什么矛盾心态？南朝寒门崛起后，政治上虽然站起来了，心理上却仍然匍匐着，在王谢高门的文化魔影之下，自我定位依旧是暴发户。

暴发户嘛，其兴也勃，其亡也忽。说不定哪天就败了。邓家老太太饱经世故，这么说可以理解。

衰而不败的高门士族

高门衰落、寒门崛起是南朝不可逆转的潮流。从刘宋开始，皇族们的家世、地望一个比一个低。刘宋好歹还能攀上汉高帝刘邦，齐、梁萧氏没皇帝可攀，便认了萧何当祖宗，陈朝没好意思追认陈胡公当祖宗，一来没这么干的，二来确实也约略显示出门第背书功能大大降低了。

东晋时王、庾、桓、谢四大高门士族轮流秉政当轴，又有袁氏、褚氏、郗氏等北来大族作为辅弼，高门士族政治垄断达到空前水平，皇帝只垂拱而坐，可谓政由士族、祭才皇帝。

经过百余年的演变发展，东晋高门士族逐渐与实际政务、军务脱离，士族腐化到了极点，中枢重臣不亲政务，低层庶务又懒得管，更不要提像当年王敦、桓温一样大马金刀率队征战，政务军务都太麻烦，且交给爱干的人干去吧。

他们甚至和农业生产都脱离了。颜之推《颜氏家训·涉务》中提道："江南朝士，因晋中兴，南渡江，卒为羁旅，至今八九世，未有力田，悉资俸禄而食耳。假令有者，皆信僮仆为之，未尝目观起一垡土，耘一株苗；不知几月当下，几月当收，安识世间余务乎？故治官则不了，营家则不办，皆优闲之过也。"

士族、庶族，说到底都是地主，农业生产都不管，这是把根本命脉都丢了。

当孙恩卢循大乱一起，加上野心家桓玄篡位，士族们架不住一波又一波冲击，以刘裕为代表的京口武将集团骤然崛起。刘宋王朝的建立，可以视作高门士族衰败的分水岭，自此之后，高门士族逐渐变成王朝的政治点缀，再没有左右政局的力量。

但百足之虫，死而不僵。

两晋百余年来，士族政治垄断带来了强大的文化影响，许多人天生认为，高门士族就是高贵，人家天生就该平流进取、坐至公卿，普通老百姓天生就该低他们一等。

所以士族虽然退出了政治核心，却仍在文化领域霸居高位。死而不僵，言之在此。

宋武帝刘裕称帝的第三年，举行了一次盛大宴会，与众多高官显贵欢饮，觥筹交错间，他看见卫将军王弘（东晋名臣王导的曾孙）后，突然来了一句："我布衣，始望不至此。"

刘裕一生，遗憾的事不多，大概只有两桩：一件是丢掉了关中，另一件就是出身不高，在真正的顶级高门面前抬不起头来。

这可不光是嘴上说说而已，这种文化自卑真真切切体现到了政权运作中。

当初刘裕击败桓玄夺取大权，刘记政权新生，急需任用大量人才。在扬州刺史人选上，刘裕的自卑显露无遗。扬州刺史是京师行政、卫戍长官，东晋以来例来由皇亲国戚或中枢高门士族担任，是当政者权力版图的核心部分。按理说，此职应该从京口二十七将中选一个心腹，但出人意料的是，最终佩符上任的是王谧。

王谧何许人也？与上文提到的王弘同是琅琊王氏，王谧是王导的孙子、王弘的堂叔。这位已经没有什么政治实力的王氏后人，纯是靠祖宗积威才当上扬州刺史。

后来王谧病死，刘裕继续犯迷糊，想让另一高门、陈郡谢氏的头面人物谢混继任扬州刺史，若非刘穆之及时提醒，刘裕自任其职，险些酿成大权旁落的危机。

孙恩起义虽说对以王谢为代表的高门士族造成巨大打击，但高门根脉犹在，尤其是文化上的影响力无可动摇。齐高帝萧道成以青徐武将身份攫取最高权力，却一反武将特点，对文化学习异常重视，子孙中出了许多著名文士，二十四史中占据一席的《梁书》，就是萧道成的孙子萧子显所作。

其实，揆诸当时大势，齐政权当务之急是如何解决中央与方镇的军政权力分配，革易刘宋以来的弊病。萧道成重视皇族文化学习虽非坏事，却不是急务，说白了就是力量用偏了。南齐享国日浅，与此不无关系。

若说萧道成不是合格的政治家，倒也未必。学习文化、向传统高门士族靠拢的深刻原因，在于他们虽然在政治上崛起了，但政治底蕴、文化底蕴没有同步成长起来，内心是苍白的、虚弱的、不自信的，缺乏社会认同。

直到梁朝时，高门士族文化上的影响力还在。据《宋书》《南齐书》《梁书》不完全统计，宋齐梁三代，琅琊王氏、陈郡谢氏、颍川庾氏、阳夏袁氏、阳翟褚氏等两晋以来的高门，任尚书、诸卿、大将、刺史以上高官者60余人。高门士族衰而不败，令人侧目。

寒门崛起多靠军功

南朝寒门崛起，不光是士族本身烂了，与社会大势也有很大关系。南朝社会最重要的政治生活是对抗北朝：抵抗北朝南侵，或是主动北伐。

有人或许会说，这哪是政治生活？分明是军事活动嘛。从狭义上看确实如此，但南朝与北朝的战争大大超越单纯军事范畴，直接或间接影响了南四朝政治局面。

简言之，敢不敢北伐是朝廷战略气魄的标志，敢于和北朝硬刚，朝廷才会有更强大的凝聚力。能不能挡得住北朝南侵，是朝廷战略能力的体现，打得赢才有生存壮大的机会。所以不管是宋武帝、梁武帝这种真有实力的，还是宋文帝、陈宣帝这种假装有实力的，乃至于齐明帝这种只会窝里横的懦夫，有事没事都要拿北伐当旗帜，换取政治上的分数。

军事活动由此派生出许多政治功能，皇帝要借此证明皇位是合法的而不是欺负孤儿寡母抢来的，权臣要借此积累政治威信、为篡权作准备，寒门大将要借战争笼络、培养派系实力。

举国言战，那么战就是主流政治。

万事万物只要跟主流政治挂上钩，就必然在塑造社会结构上发挥作用。

寒门崛起，就是南朝战争的一个重要结果。

当然有许多论点说，士族不亲庶务是寒门崛起的原因，这么说没错。南朝许多寒门士人都是从诸如记室、舍人、书佐做起，这是大势。

但只靠这些行政佐员实现政治崛起，需要一个极漫长的过程。要想快速进入核心权力圈，军功才是捷径。

刘裕、萧道成、萧衍、陈霸先四位皇帝走的是这样的路子。但我们不准备以他们为例子说明问题，四位皇帝能登上帝位，都有特定的历史背景，具有一定历史偶然性。他们的成功，背景板是无数在军功路上挣扎的寒门人士。

讲一些更具代表性的例子，比如江东大姓沈氏的崛起之路。

吴兴沈氏是江南有数的大姓豪强，田产丰厚，家族人多势众，但和衰落中的王谢高门相比，远非一个数量级。政治上、文化上无路可走，所以沈氏早早走上了军功之路。

从刘宋早期的沈田子、沈林子兄弟，到中期的沈庆之，再到末年的沈攸之，都是刘宋王朝响当当的武将。尤其是沈庆之，他少年时从军征战，在雍州平定蛮人叛乱，百战百胜，所向无前，孝武帝一朝所有战争都有沈庆之参与，只要他一出现，官军必然获胜。由此成为宋孝武帝最信任的武将。沈庆之靠军功做官做到侍中、司空、太尉等高官，封爵为郡公。孝武帝对其欣赏、倚重无以复加，沈庆之70岁时提出退休屡屡被皇帝拒绝，74岁还挂帅出征平定蛮人作乱。纵观刘宋一朝，没有任何武将能比得上沈庆之。

沈庆之的崛起，带火了整个吴兴沈氏家族，沈氏族人不断涌现，慢慢实现了所谓的“士族化”，也就是累世累叶出现高官大将，形成一股强大的政治势力。纵然这个家族的头面人物可能遭到屠杀，比如沈庆之、沈攸之、沈约的父亲沈璞都死于皇族内斗，但沈氏家族人才辈出的势头却维持了下来。

襄阳武将群体也是如此。

南朝流传过一句话：荆州本畏襄阳人。意思是荆州在军事实力上一直比襄阳矮一头，一有风吹草动，先要看襄阳诸将的脸色。

荆州是魏晋以来一等一的大郡，早先时，襄阳只是荆州的属郡，东晋时高门士族夺权的基本步骤必然包括出刺荆州，王敦、庾亮、桓温制霸东晋，靠的都是荆州。那么为何到了刘宋以后却反转过来？

一方面，刘宋以来一直削弱、分化荆州，下辖郡县越来越少，反倒是地处南北冲突前线的雍州（州治在襄阳）地位越来越高。另一方面，刘宋把雍州定位为北伐前线基地，该地大量豪强人物从军，涌现出许多能征惯战的勇将，如柳元景、薛安都、宗越等。尤其是柳元景，第二次元嘉北伐（公元450年）时，他作为西路军统帅连克四城、逼近潼关，打得北魏关中、河东大震，是为宋魏战争史上从未有过之事。柳元景后来官位、威名与沈庆之不相上下，乃是有数的名将。

但得到实利的不止柳元景个人，其家族乡曲、部将佐吏，大都因功受赏，占据了朝野要津。柳元景手下大将薛安都只是一介武夫，比家世悠久、稍通文墨的柳元景差了不少，后来也都实现阶层跃迁，出任徐州刺史级的高官。

往高了说，甚至不止柳元景所处的时代，襄阳武将群体受到正向激励，越来越重视军功，不断有优秀人才投入军队，影响力延伸了两个朝代。后来南齐衰亡，时任雍州刺史萧衍起事反齐，手下名将如韦睿、曹景宗、王茂、柳庆远（柳元景之侄）、康绚、昌义之等，都是雍州部内所出。韦睿、昌义之、曹景宗等联手在钟离大败北魏，击溃20万魏军，创造了南朝少见的辉煌战绩。

军功群体是寒门崛起的主力，他们对权力顶峰发起的沛然莫之能御的冲击，不仅造就了四代皇帝，如京口北府旧将之于刘裕，徐兖武将群体之于萧道成，襄阳武将群体之于萧衍，始兴豪霸之于陈霸先，还深刻改变了士族、庶族的政治分野，让那些高高在上的簪缨之家，慢慢变成政治花瓶，为寒门政权作点缀。

寒门频出乱象的根源

寒门崛起，也不光是高歌猛进、一片大好。寒门崛起最大的缺失是文化修养不足，和他们急速的政治进境不相匹配。在他们争得高官厚禄乃至成为皇族后，特有的缺陷都会一一暴露出来。

刘裕的头号智囊兼心腹刘穆之出身寒微，虽然自己说是汉高帝之后、齐悼惠王刘肥一系的子孙，在晋宋之际却已家世没落，是标准的寒门。

刘穆之凭借过人的政治才华，在刘裕创业过程中发挥了非常重要的作用，扮演了军师、总后勤、吏部尚书、刘裕个人文化教员等多种角色。他精力十分旺盛，一天到晚批阅公文、决断事务，什么事到他这里从不会拖延，敬业态度无人能比，因此获得了刘裕至高无上的信任与尊重。

按理说这样位尊望重的大官，私德也必然不错。但刘穆之却有一个暴发户的通病——铺张浪费。刘穆之发迹后，吃饭非常奢侈，不管吃得完吃不完，桌子上珍馐美味一定要摆得满满当当。他还非常喜欢邀请别人一起吃，摆上十个人的分量，人不够十个也要摆这么多，没别的意思，就是摆阔。

刘穆之年轻时穷困吃不上饭，这么摆谱，说白了就是补偿心理。这与东晋以来士族大多追求精神享受、追求高级文化需求的风格相比，无疑落了下乘。

齐梁之际的武将陈伯之，走了另一个极端。

陈伯之其实连寒门也不是，而是寒人，也就是连门第都不配有的贫民，比什么次门、寒门、役门都低。他不像刘穆之好歹还有个厉害祖宗，此公连祖上是谁都无法查证。年轻时穷得吃不上饭，不得不去偷割别人家的稻子，被发现了竟然拿刀和人拼命。后来凭着一膀子力气从了军，慢慢积累军功，在南齐末年成了将军。

陈伯之一生反复无常，投降过三次。第一次背叛南齐皇帝萧宝卷，投靠萧衍。第二次是据江州造反，打起南齐旗号反对梁朝，事败后北逃，投降北魏。第三次是梁临川王萧宏率军北伐时，萧宏命记室丘迟写书劝陈伯之回归梁朝，陈伯之见梁军势大，又没羞没臊地返回梁朝。丘迟那篇劝降书《与陈伯之书》成了千古美文，陈伯之寡廉鲜耻的历史形象也由此定格下来。

倒不是说我们鄙视投降，其实义不降二主并不是绝对通理。当不涉及民族利益、不涉及政治大局，尤其是民心所盼时，投降也可以理解。像黄权投降曹魏，力穷而降，不损蜀汉的脸面，并没有多少人指责。

但南朝寒门（包括寒人）武将的投降，大多以追逐利益为目的，而且多是目光短浅、毫无原则、不顾廉耻。刘宋之薛安都、南齐之裴叔业投降北魏，梁末柳仲礼、王僧辩曾向侯景投降，大都如此，德不配位。

就连皇族也有这种短视、不自信的毛病。南齐高帝萧道成预见到没有文化的坏处，一个劲要求子孙们修习典籍，恶补文化知识。用偏了劲的萧道成心是好的，但一个家族的文化底蕴，岂是说恶补就能恶补上来的？

齐武帝萧赜一死，外在的约束一消失，皇族内里缺乏自信的毛病便浮现出来。萧氏皇族立马上演窝里反的好戏，齐明帝萧鸾一上台，自感得位不正，便对齐高帝、齐武帝子孙大开杀戒，连杀二十三宗族子弟，除了萧嶷一支，高、武子孙几乎全军覆没。

萧鸾难道不知刘宋就是亡于宗室残杀吗？他是亲历者之一，不会不知道。那怎么解决宗室相疑的问题，这个他可能真不知道。

萧鸾没当几年皇帝便早早死了，死前精神抑郁，大概也是感到良心难安。但如果让他把篡位之举重新来过一次，他会悔过吗？绝不。他还会毫不犹豫地杀，有可能还会把一时心软留下的萧嶷一支也杀光，因为萧嶷的儿子萧子显把他的恶行全都记到《南齐书》里了。

为什么？没底蕴、没文化、没自信。作为从基层泥坑里爬上来的寒族，自幼见识的是刀光剑影血腥征伐，信奉的是你不坑我我坑你，他们的人生信条里，既没有仁爱、大同、慈悲的情怀，更没有坚忍、自强、昂扬的信念。遇到困难，自然而然想到肉体消灭、不是你死便是我亡。

寒门崛起，体现的是时代的进步。而崛起者本身，却要以旧时代的躯壳，接受新时代转换的冲击，载乐载苦，亦悲亦欣。

（文/陈峰韬）

历代科举与选才

科举为什么能取代九品中正？

科举制度曾被誉为“中国第五大发明”，作为一种选官资格考试制度，它自隋唐诞生以后延续至晚清，生命力长达千年之久。

科举制诞生以前的魏晋南北朝是一个政治分裂、皇权旁落、门阀士族兴起的时代。一方面，分裂的政治格局带来了语言、学术上的分裂，南北方在言谈、学风等方面相背而行，越走越远。另一方面，皇权旁落、门阀兴起则带来了资源集中于少数士族手中的局面。汉末以来世家已经层出不穷，做官则“四世三公”，读书则“累世经学”。这当然塑造了许多“学术世家”，但世家的反面，资源的家族化增加了普通人获取它们的难度。汉末以后的学术形成了一个个家学中心，边缘的人们想要挤进去格外困难。

在九品中正制下，世家大族把持了选官用人的权力。可以说，它是最适合于魏晋南北朝这一局面的选官制度。而进入隋唐，国家趋于统一，皇权再度高涨，要做的自然就是将选官的权力收回。韩昇教授指出，想要将地方大族优秀分子吸收到国家体制内，最有效且持久的手段就是科举制度。

但如果将科举制的诞生比作一场演出，这个大背景仅仅是一块幕布而已。在这块幕布后面，舞台怎么搭建？演员如何登场？这时我们就要聚焦于一些具体而细小的问题。对于科举制而言，它是如何利用各种技术因素发展并巩固自身的呢？

国家想要通过科举选士，首先需要解决的就是政治分裂局面下遗留的学术分裂，具体来说就包括方音带来的问题与学术资源的家族化。

正音

关于中古时期南北方言的差别，《魏书》里有一则十分夸张的记载："巴、蜀、蛮、獠、溪、俚、楚、越，鸟声禽呼，言语不同。"这当然是站在北魏立场上对南方的记载，但我们从中还是不难看出中古南北方音的异途。

入唐以后，方音现象仍旧，冯蒸教授总结出唐代有六大方音区：中原方音区、西北方音区、江淮方音区、东南闽音区、江南吴音区和西南方音区。这就是唐代的方音地图。大家耳熟能详的《琵琶行》有句"自言本是京城女，本在虾蟆陵下住"，"虾蟆陵"就是长安"下马陵"的"俗呼"，这首诗所用的正是长安音。

和方音俗呼相对的，是韵书雅言的读音。古代中国流行的语音，大体可以分为韵书雅言、通语（即各地通行的标准语音）和地域方音这三个层次。后两者虽然通行范围有所差异，但都属于"俗音"，只有韵书所记录的雅言读音，才是读书音之谓。学者指出，雅言反映的是"语音系统的历史传统"，通语记录了"雅言在当代的变化"，方音则是"雅言、通语在某一局部地区的变体”。也就是说，韵书雅言所记的读书音才是正读，通语和方音都是雅言正读的变体。

读书音是以韵书记录为准的。魏晋之时，最早的韵书已经诞生了，曹魏李登的《声类》和西晋吕静的《韵集》就属于这一类早期韵书。但受南北分裂的政治格局影响，此时的南北语音之争层出不穷，韵书也因此莫衷一是，于是“音韵锋出，各有土风”，“江东取韵与河北复殊”，无法定夺出通行的正音。

随着隋王朝的政治统一，正音也逐渐提上了日程。隋代音韵学家陆法言编出了著名的《切韵》，这本书入唐以后成为了科举规定用书。由此唐代士人不断增订、笺注《切韵》，三百年间有长孙讷言笺注本《切韵》、增训加字本《切韵》、王仁昫《刊谬补缺切韵》、裴务齐正字本《刊谬补缺切韵》等多个版本问世，敦煌残卷保存了它们的踪迹。

《切韵》首先是一部唐代为读书音正音的韵书，按照周祖谟先生所考论的，它的音系是根据南北士人通用的雅言书音而定。那么，在正音与科举取士之间，有怎样的关系呢？

正音为科举提供了一个可以普遍通行的标准。作为科举重要科目的进士科须试诗赋，诗赋讲求韵律，因此对正音的要求相当高。不然南人南韵、北人北韵，作出诗来恐怕没法评判。清人章学诚说：

> 今科举诗帖平仄拈背，本非难解，而土音不同，平仄讹舛，致乖律吕。即经书文义，虽体制迥与词赋

不同，然以场屋所需，不能不参排句偶调，以归庄雅。乃以方音不合，易致音节聱牙，辞意虽工，亦遭按剑。以是知音韵之学所以不可废也。

也就是说，科举作诗的平仄规律本不算难，但因为考生们口音不同，才导致平仄错乱，与律不合。虽然章学诚已是千年后的人，但是在这一点上是古今攸同的。

此外，开元以后，唐王朝逐步将口试纳入了科举制度，先是“明经停墨策，试口义”，此后进士科也“先试帖经，并略问大义”。何亦凡先生指出，以“言辞辩正”为考察对象之一的铨选制度、科举口试制度和进士科诗赋检韵制度共同组成了唐代官方语音制度体系，也就是说，科举和铨选反过来又推进了正音的制度化。

在这样的背景下，读书人采用作为标准语音的正音而摒弃方音，就成了自然而然的情况。

抄经

唐代科举历设常贡六科：明经、进士、秀才、明法、明书、明算。作为科举的教材，我们熟悉的“十三经”或者“四书五经”之类的提法在这个时代还没有出现，那是宋以后的事情了。在唐代，官方指定的教材是“九经”，即《礼记》《左氏春秋》《毛诗》《周礼》《仪礼》《周易》《尚书》《公羊春秋》《穀梁春秋》。“九经”以外考生还要修读《孝经》《论语》《老子》三部经典，此外明法科的考生要额外修读律令，明书科的考生要额外修读《说文》《字林》，明算科则要额外修读《九章算经》《海岛算经》《孙子算经》《五曹算经》《张丘建算经》《夏侯阳算经》《周髀算经》《五经算术》《缀术》《缉古算术》一类的数学专业书。

这些教材部头大小不一，称为“大经”者一部可达二三十卷，“小经”一部也有数卷。唐代是个写本时代，如果我们按照敦煌卷子的规格——一行只能抄下20来个字、每张纸可以抄下400~500字正文——粗略估算一下，这些教材放在一起可是个不太小的体量。

仕宦之家有其家学传承，名门望族中号称藏书逾万卷的累世藏书之家不在少数。对于他们来说，阅读科举需要的图书自然不是什么难事。但这些种类、卷帙皆算不上少的教材，对于普通的学子来说如何获得呢？这就要说到书籍在唐朝的勘定与抄写。

在印刷术尚未发明的写本时代，经书的流传依靠人工的抄写。由于是手工抄写，不仅速度有限，而且这个过程中抄出错误自然是在所难免的。这就使得科举所需的书籍在数量上和质量上都存在着严重的不敷使用。更何况汉末魏晋南北朝以来留下的学术局面十分复杂，对于同一经的解说各家不一，经义异说层出不穷。如果不指定一个统一的读本，显然无法作为科举考试的标准答案。

在这样的背景下，唐太宗开启了修订经籍的系统工程。贞观四年（公元630年），他诏令颜师古等人重新考订五经文字，此后又诏令孔颖达等人修订经典注疏，试图制作出一份全新的、权威的经书版本。

这是一项庞大的工程。终于，在经过近三十年后，唐高宗时期完成了《五经正义》的编纂。这个定本的发布不仅改善了此前五经抄写杂乱舛错的情况，而且也为五经颁布了一个官方认定的教科书版本，诸家不同解释终于定于一。

唐王朝利用整个行政系统的力量推行这部新定的教材，将它下发到各州，“颁于天下”，“令天下传习”。

由于掌握了最新官方课本才能让本地士人在科举中获得优势，各州迅速派出官方的书手加以抄写《五经正义》，新的复本不断涌现。

在敦煌藏经洞中，就保存了唐代推行《五经正义》的痕迹。敦煌写本里保存了四十余种儒家经典，正有颜师古所定白文“五经”和孔颖达等人编纂的《五经正义》。其中一份残卷末尾还保存了“永徽四年二月廿四日”抄书题记，正是高宗下诏颁书于天下的那一年。

在这样的力度下，《五经正义》很快成为通行全国的权威教材，科举考试有了它最权威的、官方的依据。

书籍在唐代能够被广泛传抄，首先离不开的是纸张的普及。《太平广记》有这样一则故事：“唐文德戊申岁，钜鹿郡南和县街北有纸坊，长垣悉曝纸。忽有旋风自西来，卷壁纸略尽，直上穿云，望之如飞雪焉。”南和县街北纸坊在墙上晒纸，忽然西风一吹，墙上的纸全都刮起来，竟然多如雪片。这虽然有叙事上的夸张，但仍然形象地表现出了唐朝造纸业的发达。

造纸之盛是从一个小改变开始的，这就是皮纸、竹纸的发明。我们知道，造纸术早在西汉就已经诞生了，但最初的造纸原料是麻，主要来自废旧的麻布、麻绳等。随着纸张需求的加大，对破布烂绳的需求与日俱增。原料逐渐不敷使用，扩大原料范围势在必行。

魏晋南北朝以后，人们逐步开始采用树皮、藤皮造出皮纸，后来又用竹子生产出竹纸。到了唐代，几乎是一切可用的原料都被开发了，麻布、野生麻纤维、楮皮、桑皮、藤皮、瑞香皮、樟木皮、木芙蓉皮、竹纤维……甚至废纸还能回炉重造再生纸。原料的扩大突破了材料的地域局限，纸张产地北达幽州（今北京）、南至罗州（今广东廉江）、西抵西州（今新疆吐鲁番）、东及沿海各省，几乎遍及全国。正如我国著名的科技史专家潘吉星先生所感慨的那样，“古人看来从实践中摸索出一条科学规律：凡可用于纺织目的的一切植物纤维都可用于造纸。这是造纸技术史中，中国人给全世界提供的一条重要技术思路”。

漫长的技术酝酿终于积攒下不可思议的力量。纸张越来越多，图书的数量也随之增加。以图书种类而论，《隋书》中所记载的曹魏时官府藏书还仅有29945卷，而到了《旧唐书》所记载的唐代开元之时的内府书籍，已经达到了51852卷。以传抄数量来论，仅今天保存下来的敦煌卷子就超过七万件，其中大部分是唐代写本——虽然这些敦煌卷子有的极其残破、有的可以几件缀合为一件，但要知道，敦煌卷子仅仅是唐代西陲的敦煌县下一个小寺庙的寺产而已，全国的图书总量可想而知。

在这样的技术发展下，考生买书、抄书才形成了风气。我们在敦煌卷子中可以看到不少经学书籍，这些书籍有些是白文，有些是勘定后的注本，一些卷子的题记记录了它们抄于长安的宫廷，一些卷子则是私人辗转传抄自借来的书。学术资源的垄断被打破后，昔日的王谢堂前燕，终于飞入了唐朝百姓家。

科举

然而，尽管唐代发生了这么多改变，整个社会早已不再像魏晋南北朝那样世家化，我们仍然不能过高地估计唐代科举的“公平”程度。

首先是地域上的不平衡。唐代科举登第者大多集中在当时的关中、河南、河北、河东一带，南方及第者就少得多。宣宗大中年间荆州考生刘蜕进士及第，竟有“破天荒”之称。这倒也很容易理解，毕竟知识水平从来不是空中楼阁，经济发达的地方、政治地位高的阶级自然更容易享受更多的资源。

更重要的是，唐代科举并没有带来什么剧烈的阶层翻盘。科举制只是调整了入仕规则，一旦世家大族认识到规则已经变化，利用手里的资源去适应新的规则，自然还是比普通人占据优势。在唐代，家族门第、政治背景等因素仍然是考生头上的阴云，科举更多地只是世家大族巩固自己地位的新方式，更多的改变要在三百年以后的宋代才出现。

唐代的科举是什么呢？

它并不相当于今天的公务员考试，更像是一张公务员资格门票，从科举及第到真正授官之间还有漫长的路。选官授官的途径有很多，即使不选择走科举的道路，还有学校、荐举、辟署、门荫、流外入流等多条大路或小路可通“罗马”。对于科举来说，唐代只是它诞生的开端，更多的制度可能性还尚未发挥出来。不过，尽管如此，科举也已经是唐代最被看好的快速升官路。

（文/白颐路人）

唐宋命题组的困惑：科举应该考什么？

秦以后的中国，很大程度上是一个官僚社会。这意味着两件事：第一，要维持国家机器的正常运转，建设一支有素质的官僚队伍是至关重要的；第二，在社会大众看来，能够成为官僚队伍中的一员，差不多也就是成功的人生。

所以相应地，一种选拔官员的制度，也要承担起两项功能：一是为国家机器选拔人才；二是给中下层阶级（主要是中层）提供出路。

然而实践当中，这两个功能往往不能和谐统一。所以考试内容的设计，如何在它们之间寻找一个平衡点，也就成了历代反复折腾的难题。

唐朝：功夫在诗外，高分靠场外

细心的历史学家可以为科举找到更早的源头，但一般泛泛说来，还是把隋唐视为科举制度的第一个阶段。

以后世的标准看，这个阶段的科举很多地方都怪怪的。

第一，就字面意思说，科举就是分科举士的意思，只有隋唐才符合这个标准。因为后来考科举几乎等于是考进士，而隋唐时期，考试科目是真多。

除掉曾经很煊赫，但后来因为太难、很少有人参加的秀才科，唐代最基本的考试，有明经和进士。此外，皇帝随时可能根据具体需要，新增加一种考试，即所谓的“制科”。各式各样的“制科”考试，统计下来起码有六七十种（传统说法是“无虑百数”）。至于制科的名目，什么贤良方正科、博学鸿词科、能言极谏科之类都还比较正常，但还有什么志烈秋霜科、临难不顾徇节宁邦科、长才广度沉迹下僚科、手笔俊拔超越流辈科、哲人奇士逸沦屠钓科……招牌华丽如圣斗士的拳法，真是看得人眼花缭乱。

第二，唐代流行一种特别有观赏性的活动，叫作“行卷”。就是考试之前，来应考的举子，把自己的作品送给王公大人甚至主考官看。如果得到赞赏，那么真到考试的时候，现场作文写得怎样，也许根本无所谓。

也就是说，考场外的各种活动公开而大量存在。《文献通考》说，天下的士子荟萃于长安，他们成群结队，衣衫不整，骑着跛腿小驴，千方百计奔走于权贵之门。第一次送出作品，叫“寻找知己”；送出后没有回音，就再来一次，叫“复习功课”；如此还没有回音，就干脆带着礼物在大路上拦住人家马头，口称“某人拜见”了。

由此产生的各色段子，真是不知道有多少。

如王维参加考试之前，为了得到玉真公主的推荐，竟然假扮优伶，演奏了一曲《郁轮袍》，引起了公主的注意，然后成功把自己的作品送到公主的手里。结果公主赞叹说："京兆得此生为解头，荣哉！"今年京兆府把这位同学作为推荐的第一顺位，是我们长安城的光荣。这是考试还没开始，解头就已经定了。

更夸张的，如唐文宗大和二年（公元828年），礼部侍郎崔郾到洛阳去主持科举考试，太常博士吴武陵向他推荐杜牧。杜牧是高干子弟，文才也确实好，崔郾当然很赞赏，但同时也很为难，因为这次考试，第一名到第四名都已经内定，最后他和吴武陵说定给个第五名。崔郾对其他官员说起这件事："刚才太常的吴博士，送给我一个第五名人选。"于是说出了杜牧的名字。

从这个场景来看，谁来通的关系，为谁通的关系，确实就是当众聊天的话题。这就是唐朝，宋以后的主考官，借多少个胆子也不敢的。有人提反对意见，杜牧这人不行，"不拘细行"，就是日常生活不检点。这当然并不是诬陷，"十年一觉扬州梦，赢得青楼薄幸名"，这是杜牧自己交代得很清楚的。但崔郾很重然诺："已许吴君矣。牧虽屠沽，不能易也。"已经答应人家的，哪怕杜牧是个杀猪卖酒的，这个第五名，不换了。

唐武宗会昌三年（公元843年），王起主持科举，问宰相李德裕有没有中意人选，李德裕的回答那叫掷地有声："安用问所欲为？如卢肇、丁棱、姚鹄，岂可不与及第邪？"你问我干什么，像卢肇、丁棱、姚鹄这几位，不录取他们你觉得合适吗？

这几位也就理所当然地都高中了。

不管后人怎么理解，这些故事，唐朝人都是当"佳话"讲的。

第三，考场外的竞争如此重要而且被视为合理，考场里的规矩，就小得多了。

进考场本来要搜身，但有的考官觉得这么防作弊很无聊，就不搜了，还把各种考试参考书放在考场里，任由考生翻阅。据有的小说描写，考场里也不禁止考生交流，考生要是对考题不明白，向考官询问也是可以的。

宋以后的科举故事，一大主题是偷考题——直到今天，重要考试的考题泄露仍然会是大新闻。在唐代，就不怎么有这种故事的土壤。因为出什么题也没那么重要，有时竟然还可以临场改。

有个叫乔彝的，参加京兆府的解送资格考试。喝得醉醺醺的，清晨开考，他中午才到，但试官还是放他进场了。拿到题目，是《幽兰赋》，乔彝说："两个男人相对，写《幽兰赋》有什么意思，快点换题。"

于是试官就真的给他换了，改成《渥洼马赋》。乔彝说，这还有点意思，奋笔一挥而就，警句云：

四蹄曳练，翻瀚海之惊澜。
一喷生风，下湘山之乱叶。

两位试官一看写得真好，还真的就打算判乔彝为第一名。最后京兆尹发话：乔彝头角峥嵘得过分，当解头怕他骄傲，给个第二名吧。

在唐代糊名、誊录之类的程序，除了武则天偶尔会搞，当然也是没有的。

大诗人刘禹锡，非但自己官运很不好，儿子刘咸允参加科举，也总是不能考中。原吏部尚书崔群同情刘禹锡的遭遇，心心念念要拉他儿子一把。刚巧崔群的学生张正谟做了京兆府试官，崔群就把张正谟找来，当着刘禹锡的面把这事托付给他，希望让刘咸允中个解头。等到发榜，刘咸允倒是中了，但名次很靠后。崔群非常生气，跟门人说："以后张正谟来找我，就不要通禀了。"表示不再认这个学生。

此处可以再讲一个清代的故事作为比较。南通实业家状元张謇，曾科场蹭蹬好多年。其实，张謇很早就得到两代帝师翁同龢的赏识，他每次去考试，那些考官们往往就是翁同龢的学生，所以阅卷时几乎就是在找张謇的卷子想给个高分，但次次认错了人，高分给了旁人，张謇却被他们刷掉了。但翁同龢不能像崔群一样，为这事向学生发飙，因为他知道学生们确实没有办法。事实上，他老人家自己也认错过，光绪十八年（公元1892年）会试，翁同龢自己是主考官，收到一份卷子，其中大谈朝鲜问题——张謇年轻时做过淮军军阀吴长庆的幕僚，曾在朝鲜和日本人斗过一回，谈这个是他的爱好。翁同龢于是认定这份卷子是张謇的，当即录取。

然而，这偏偏是另一个考生知道张謇的文风、也知道翁同龢的想法，刻意模仿的，真的张謇再次落榜，最后，老头气得连新进士们的谢师宴都不去了。

这两个故事都带有戏说成分，不过明显可以看出时代差异：清代考官只能根据卷子猜作者，猜错的可能性很大；唐代的考官，却很清楚考卷后面的考生是谁。所以，后世科举，即使你很得主考官赏识，也未必考得中；若是唐代的主考官想录取你，却总能做到。

第四，唐朝人考中了进士，并不意味着就有官做，还要去参加吏部的“关试”。而关试的考核，有四条标准：身、言、书、判，即所谓体貌丰伟、言辞辩证、楷法遒美、文理优长。很明显，“身”和“言”，不面试是考不出来的。

众所周知，面试这个环节，考官的自由裁量权是最大的。何况即使不作弊，世家子弟这时也明显占优势。假设一个苦孩子，白天要下地干活，肯定晒得皮肤黝黑；到晚上才有空看书，又点不起灯，于是什么凿壁偷光、囊萤映雪之类的招数纷纷用上，长时间下来眼神多半也会搞得比较奇怪。而门阀贵胄从小居移气、养移体，形象气质自然培养得比较好。要是从小没见过比村长更大的干部，关试时面对眼前一排吏部大员，怕也难免紧张得不行。和人家名门之后一进来，就能亲热地喊“崔叔叔好，卢叔叔好……”也完全没有可比性。

当然，这个假设比较极端，因为真的出身太低微的，前面的考试早就刷掉了，几乎不可能进入关试环节。但关试时如果只是二三流的门第，那吃亏也是非常明显的。如著名的大文豪韩愈，韩姓本来名声就不够响亮，他又是出自一个不起眼的分支，只能自称“郡望昌黎”而已。所以他虽然哼哧哼哧过了进士考试的门槛，关试就再也通不过，结果只好满心失落地跑到节度使那边当幕僚去了。

最后还应该注意到，唐朝进士的数量是很少的：平均每年23人，不但不能望年均340人的宋朝之项背，比之明清的每年100人左右也差得远。

这么一点点数量，根本不足以为大唐的国家机器提供足够的官员。事实上，科举也确实不是唐朝人最主要的入仕途径。从数量上来说，唐代每年新增入流的官员有时高达1000人以上，即使加上明经，科举入仕的也不过百人；从释褐（进入官场后担任的第一个职务）级别来说，高干子弟靠着"门荫"，可以一上来就做从五品的官，而进士一般是担任校书郎或者县尉，级别在正九品、从九品之间。

当然，这不是说对于唐朝人而言，进士身份就不重要。各类史料中那么多赞美进士的话，可都不是瞎说的。只不过，拥有一个进士身份，价值不在于你可以因此有了一张官僚队伍的入场券，而是将来在通往高级官员的道路上，你从此多了一个重要的加分项。

总之我们可以看出，唐代科举的竞争，既在考场内，也在考场外，是关涉到才华、声望、人脉的综合性全面较量。这种较量的结果，就是"上林新桂年年发，不许平人折一枝"，体现在两《唐书》中，就是够格拥有一篇传记的人物，其中90%出身是官宦家庭。

当然，有不少材料上提到唐代后期的科举中，"孤寒"对

“子弟”往往占据优势。但现代学者做过量化分析，发现所谓“孤寒”泛指“公卿子弟以外所有的入仕者”，就是把中下层官僚家庭的孩子，还有破落的旧士族统统包括在内。高门甲族瞧不起他们，但对于普通人而言，这已经是高攀不上的身份。

也就是说，唐代科举最多是在社会上层内部，提供了一种流动性，至于给中下层出路这件事，科举基本是不负责的。

从选拔人才的角度说，唐代科举也有点尴尬。看不上进士办事能力的观点，在唐代也很流行。最著名的例子如李德裕说：“朝廷显官，须公卿子弟为之。”因为公卿子弟从小耳濡目染，对政府机器运作的规则和套路，自然比较熟悉。而出身贫寒的士人纵使才华过人，进入朝廷后也会有个麻烦的磨合期。

作为普遍原理，这话有走极端的地方。但李德裕确实有说这话的底气，作为出身高贵的官员，不论胸襟、见识、才具，他都比同时代那些进士出身、文采风流的对手如牛僧孺辈高出不知道多少。

进士考诗赋，而唐朝人对这种文学创作的能力，多少怀有一点类似宗教信仰般的感情。文学才能被视为一种与生俱来的神圣素质（没天赋努力也没用），而一旦拥有了这种素质，就应该尽量避免被具体工作所玷污。

如唐武宗时，盐铁判官姚勖要升任职方员外郎，就遭到了尚书右丞韦温的反对：“郎官最为清选，不可以赏能吏。”其实，姚勖是玄宗时名相姚崇的五代孙，著名诗人姚合的从侄，他本人也在长庆元年（公元821年）进士及第，本来从各方面看都不可谓不清贵，但仅仅因为从事过盐铁方面的具体工作，在韦温看来，已经被排除在清流之外。

韦温当然在“文学教”里也是原教旨主义者，但确实能代表很大一批人的倾向。所以到了唐代末期，“浮薄”“轻薄”之类的形容干脆成了进士的代名词。

宋代：策论、诗赋还是经义

五代乱世，各种大杀大虐，中国人口从六七千万降到了三千多万，由此有两个突出的结果：一是传统意义上的顶级高门，几乎都被肉体消灭；二是信奉“天子宁有种耶？兵强马壮者为之耳”的武人，搞得谁都怕了。社会从上到下都相信，要想过安生日子，就不能再让这种人得势。宋太祖说：“五代方镇残虐，民受其祸，朕今选儒臣干事者百余，分治大藩，众皆贪浊，亦未及武臣一人。”

宁可忍受贪污，不要面对动乱。宋代重视文治，开始与其说是因为重视，不如说是因为鄙视。不过历史发展的走势，往往不由制度设计者的初衷说了算罢了。

要大面积的选拔文官，宋代科举考试的作风，就和之前大不相同了。

第一是每年录取进士的人数，比唐朝翻了十几倍。这么做的原因，据说是总结唐末的教训，王仙芝、黄巢的叛军里，好多出谋划策的人，都是自觉考进士无望，才起了歹心的。现在录取的人多，就会有更多人觉得自己有考中的机会，很多潜在的不安定因素，也就被消于无形。而既然录取的进士多了，进士出身的官员也就越来越多，无形中从此彻底改变了官僚结构。当然，事后证明这么做每年新增的候选官员实在太多了，这是导致宋代冗官问题的重要原因，所以到了明清，录取人数又下降到宋代的1/3左右。

第二是各种盘外招都被视为非法。宋太宗的时候，翰林学士苏易简被任命为考官，他主动向皇帝提出，要不您关我禁闭得了。当时皇帝对科举盯得很严，录取不公会受到严厉惩处；但同僚们都来托关系，谁的面子都不给又太得罪人。早早关起来，可以免掉多少是非。

从此，这就成了定下来的规矩，考官严禁和考生接触。

制度总是在实践中越来越细密的。比如到了宋真宗大中祥符七年（公元1014年），朝廷出台了这样一条规定，以后被任命为考官的，请立刻关禁闭去，不许再和同事聊天，如果你的马不在身边，过去不方便，那么朝廷给你安排交通工具。

原来，这一年翰林学士王曾被任命为考官，他在等下人给自己牵马来的时候，遇到了同僚李维。王曾的妻子是李维的侄女，当时王妻已经快临盆了，而科举阅卷，也即“锁院”的时间，大概要50天，所以王曾面临着等到回家孩子满月酒都已经办过的情况。因此，王曾就托李维照应一下自己的家事。而对话的情形被御史远远看见，于是就被参了一本。皇帝查明情况，很厚道，对王曾、李维既往不咎。但为了避免以后再出现类似的情况，就有了上面那道诏旨。

同时，各种考场管理制度也相继出台，考卷要糊名，还要找专门的抄手再抄一遍，避免考官认出笔迹或者考生在试卷上做手脚。从此，宋朝考官阅卷时认错卷子，没录取想要的人，或者偏偏点中了想刷掉的人，各种段子也就满天飞了。作为天下文宗的欧阳修、苏东坡，都在这种段子里扮演过主要角色。

有过丰富阅卷经验的欧阳修后来确实感叹，本朝科举“无情如造化，至公如权衡”。

考试的程序公正得到了保证，考试的内容是什么，才真正重要起来。那么，科举应该考什么？

抱怨科举考试不重视科学，质问为什么不考数理化，那属于超历史的批评。实际上，当时有三个选项可以选。

第一是考策论，即让考生对国家的大政方针、时事热点发表自己的意见。

第二是考经义，即阐释儒家经典伟大而深刻的内涵。

第三是考诗赋，这是上承唐代进士科考试的老传统，看你文学才能如何。

这里面，哪个权重最大才合适呢？宋朝人为此进行了激烈的争论。

看起来，考策论好像和官员的本职工作最接近。然而在命题组的讨论中，这个选项是最不起眼的。

因为策论的考题设计，存在两难。考得具体而有针对性，就有泄露国家机密的风险，敌对势力可以通过搜罗策论考卷，来了解朝廷的动向。元祐五年（公元1090年），苏辙出使辽国，回来后说辽国正在以市场价十倍的价格采购宋朝的奏章和策论以获取情报。南宋时，又有人上书说，他检阅各地考卷，发现“其间有一时发策，莫非边防急切之务，流传所至，危害甚大”。于是他提议以后应该严格禁止出此类考题，往年的考卷，策论部分也要全部封存，不许流传。

而且，谈政策，当然不免要具体举证，那么举证的时候可不可用本朝的“祖宗故事”?

反对派认为，祖宗留下来的规矩，从来是“载在国史，稽诸法令，不许私自传习”的。考生能引用的，不过是小说杂史，都是乱七八糟的段子，因此考策论禁止为好。

赞同派则认为，将来做官，一切都要遵循祖宗留下来的规矩行事，考试时不许谈成什么话？不用怕说错，说对了就加分，说错了就落榜，不就可以了?

反对派又说，《实录》《会要》之类的书，都是禁止“人间私藏”的，只有公卿子弟，可能因为爸爸或兄长的关系，偷窥了两眼；或者是家里真有钱，用非法手段搜罗了几本。所以，说对的人才是违法，而“寒远士子”一定会说错，说错就落榜的话，说好的阶层流动性在哪里呢？最后反对派提出：以后考卷上如果要涉及本朝的历史，那就把前因后果都完整介绍一遍吧！

要知道，为了维持社会稳定，宋朝皇帝是发自内心的希望科举考试能够为社会中下层提供机遇的。这种明显偏袒既得利益阶层的选项，他是要尽量避免的。

但如果策论考得宏观而抽象，那麻烦就是太容易押题，考卷会变得太简单。宋太宗淳化三年（公元992年）的状元孙何，就曾不屑地说，策论不过是“礼乐刑政，兵戎赋舆，岁时灾祥，吏治得失”，来来去去都是烂熟的套话，哪里考得出水平来呢？

经义是考核心价值观，这个没谁敢说不重要。有意思的是，王安石和司马光，这对政治上的死对头，在经义重要还是诗赋重要这个问题上，观点倒是惊人一致。热衷诗赋是“尚浮华”，唐末以来血泪斑斑的教训，大家都已经看见了。只有把儒家的经义研究透，才能成为一个合格的官员。

他们都是要把诗赋废掉，专门考经义的。

但说到经义该怎么理解，他们就立刻回归到势不两立的老格局上去了。拗相公也好，司马牛也罢，对经典都有一套独特的阐释系统，而且他们都是对自己的信念特别坚持的人。这二位可不会相信什么“参差多态才是幸福的本源”，既然我当政，考生解释经典时，就得按照我的观点答。

苏东坡是诗赋派，他批判考经义，理由和前面孙何批判策论差不多。经义这种题型，能出的题目就那么点，写作时又没有声病对偶规矩准绳，技术门槛很低，哪里看得出人的水平来？

苏轼是议论高手，但在这个问题上，他说得不如毕仲游《理会科场奏状》聪明和透彻。

贬低儒家经典，政治上当然是很不正确的，所以要反对考经义，一定要先完成经义和经典的切割。毕仲游先把“圣人之经”大大歌颂了一通，然后说，正因为伟大，所以难懂。正因为难懂，所以现在的考生有甩开传统注释引用时髦理论的；有时髦理论也说不清就扯到《老子》或《佛经》的；有断章取义，歪曲解释迎合主考官的……总之，“圣人之经术，遂但为卜利禄之具”，一副道德关怀爆棚痛心疾首的样子。然后他进一步分析说，王安石在位，考生们就按照王安石的观点写；司马光当政，他们又去迎合司马光。但这也不能怪考生，他们来考试，目标就是想录取，如果只是想坚持真理，那不来考就是了。所以，考经义只能收到投机的作文，塑造不出真实的信仰。总而言之，“风俗伤败，操行陵夷”，未必不是科举的结果啊。毕仲游话锋一转，这么看来，还是考诗赋好。诗赋虽然没用，但考《圜丘象天赋》，你就只能写圜丘象天，写《尧舜性仁赋》，你也只能写尧舜性仁，想迎合主考官意见，也无从迎合起。

他也没说考诗赋有多好，但正如鼓吹“民主是最不坏的制度”的人，多半会认为民主制优于一切现实中的制度一样，他这也是在说，一切可行的考试方式中，诗赋比啥都强。但是，他有意无意地隐瞒了一件事，说考诗赋就无法迎合考官，其实是不对的，因为就算观点上没啥可发挥的，考官对文风偏好，也会导致对同一份卷子，评分完全不同。

北宋初年，太学里流行一种“险怪奇涩”的文风，号称太学体。欧阳修提倡“古文”，当然对太学体极其痛恨，所以嘉祐二年他主持科举考试，决定对这种有话不好好说的写作方式来个清算，而他首先盯上的，就是“累为国学第一人”的刘几。

欧阳修改到了一份卷子，写着“天地轧，万物茁，圣人发”，他立刻断定这是刘几的卷子，便续了两句“秀才刺，试官刷”表示挖苦，然后拿红笔一抹到底——宋代科举阅卷，发现一个小错点一个小点，三点累积为一小抹，三小抹就不及格。欧阳修这一大抹不知道抵多少小抹，这就是表示你这篇文章毫无价值。

于是刘几和一大批太学里的名笔都落榜了，而名不见经传的苏轼、苏辙兄弟，都在这一科脱颖而出。这引起了太学生们极大的愤恨，可以想象，换一个其他随便什么考官，考试的结果，都可能大不相同。

当然，这个故事还有后续。过了几年，欧阳修又知贡举，结果发现刘几居然又来应考，老爷子很生气，声称："今必痛斥轻薄子，以除文章之害！"他很快就找到一篇怪腔怪调的文章，认为是刘几的，当即黜落；然后，又看到一篇文风平易，立论正大，总之怎么看都符合他老人家品位的卷子，于是点为第一。

结果等到拆封，才发现被他黜落的卷子，出自一位南方的考生之手，此人大概还不知道风向已经变了，而欧阳修所点的状元，恰恰正是刘几。

显然，和考经义时考生的观点可能迎合考官一样，考诗赋时文风也可以迎合。当然最重要的是：这说明只要确实是智力测验，考试改革有时意思真的不大，随便怎么考，能出头的绝大部分是同一帮人。

（文/刘勃）

唐朝的人力资源管理逻辑

科举是中国古代知识分子心中神圣的制度，这一制度一方面可以满足在儒家教育洗礼下的士人完成“学而优则仕”和“修齐治平”的最高理想。另一方面，科举也是皇帝的创举，把具有思考能力的人都笼络进朝廷，框定在大家熟知的权力游戏里，实现“天下英雄尽入吾彀中”的目的。

朝廷要选人当官，知识分子想当官，科举就是连接他们的主要途径。

唐代王冕有诗句说：“圣上喜迎新进士，民间应得好官人。”可见，这是朝廷、士人和百姓三赢的好事。但是，科举真的能帮助寒门出生的人改变命运吗？唐朝科举怎么考呢？标准是什么？又有什么弊端？实际上，唐朝近300年里，支撑政府正常运转的官僚队伍是由科举与其他辅助手段综合选拔的结果。

大唐有两个人力资源部

电视剧中经常有这样的情节，某少年郎意气风发，状元及第，朝见天子，天子即刻封官，少年从此成了朝廷的官员，人民的公仆。只见他跨着高头大马行进在京师的街道上，左右两边是开道的小吏和仪仗队，威风无比。其实这得是宋朝及以后的科举及第景象。

在宋朝，一旦你登科及第，就可以马上授予官职，但唐朝比这复杂多了。唐朝的举子科场及第以后，只是取得了授官的资格，想要得到官衔，还得枕戈再战，再经过另一场考试的重重筛选。也就是说，他们的人力资源部，开设了好几个分部——科举是由礼部主持的，科举及第以后的考试则是由吏部主持。

为什么搞得这么复杂呢？这是唐朝对人才选拔的重视，也是他们在科举考场百态中总结出来的教训。

唐玄宗开元年间，有一个叫李昂的大才子通过科举状元及第，成功进入了官场。他被分配的官职是吏部考功员外郎，这个职位的主要工作，就是主持科举。开元二十四年（公元736年），李昂得到任务，被任命为这年科考的主考官。由状元主持科举，一是榜样的力量，足够镇服其他考生，同时，他的才华也足以评判其他考生的水平。这个选拔人才的设定，可以说很完美了。

结果，这年的科举考试还是出问题了。李昂是个性情耿直的人，被赋予重任后，他一门心思要为朝廷选拔一批优秀的基层干部，所以，他决定要刹一刹考场的不良风气。

当时有哪些风气呢？最主要的，是名人请托现象。当时，大多数能读得起书，能通过知识改变命运的人，家里多少有些文化底子。所以，唐朝的考场里，许多考生是朝中大人物的关系户。这样一来，一旦你成为主考官以后，必然迎来一次狂风扑面的麻烦——大人物会以各种原因施加压力，干涉考试的结果。

比如，我们都知道的，鼎鼎大名的诗人王维之所以考上科举，是凭借了皇帝的兄弟李隆范和姐妹玉真公主的推荐。王维的才华毋庸置疑，他能及第，皇亲国戚的支持也是少不了的。所以，玉真公主对这次考试的干涉，我们可以说是举荐。

这种风气，在李昂的时代也是蔚然成风。为了不让别人干涉自己的判断，李昂找到举子们率先进行了一番讲话，意思是，让大家都别搞那么多花样，安心考试。大家听了训诫心里很忐忑，可很快就轮到李昂自己忐忑了。下班回家后，他的老丈人跑来和他谈话，中心思想是，这次的考生里有个叫李权的人，是自己的老邻居，可以特别关照一下。

李昂千算万算，没想到竟是自己的岳父先被攻陷了。处理不好岳父的关系户，老婆大人要疯，最后造成家庭矛盾。怎么办呢？李昂回到贡院再次召大家谈话，特别点名批评了李权。李权很莫名，自己一直安心学习，这一定是家里人暗中嘱托的，赶紧撇清关系。李昂怒气未消，决定继续整一整李权，给大家一个教训。他拿出李权的作品，仔细找茬儿，还把大伙儿都叫来围观。李权当场社死。

来而不往非礼也，破罐子破摔的李权决定要和主考官死磕一次，即发生了唐朝科场著名的“二李争讼”。李权也找到李昂以前的作品，仔细找纰漏。当一个人想搞文字狱，就算没问题的，也能被解读出政治不正确。巧的是，李昂以前还真写了一首诗，让李权抓住了把柄。李昂的诗中，有一句借用了上古隐士许由的典故。当初，尧帝年纪大了，想把天下让给许由，许由听了很不乐意，还跑去河边洗耳朵，感觉刚才那些话让耳朵受到了伤害。李昂借用这个典故表示自己心态也很平和，可李权抓住这句话，质问李昂，明皇陛下老了吗？他说了要把天下让给你了吗？

这一顶巨型大帽扔下来，李昂哪里顶得住。俩人的矛盾在科场里白热化，终于捅到宰相面前。李权被下了狱，李昂呢？免于处罚，但朝廷自此改了一个规制：主持科举的吏部考功员外郎官职太小，才六品，压不住那么多士人。改由礼部管科举。礼部本身与吏部平级，但这次改革后，礼部派出了侍郎来主管科考。礼部侍郎是正四品官。

由此，唐朝的这个人力资源部，是礼部和吏部两个部门。礼部管考试的事，相当于拿到入场券，吏部则考的是当官的具体细则，通过考试，才可以被授予官职。相当于对朝廷和百姓都有一个双重保护，已经很严谨了。

除了每年正常举行的科举，唐朝还有一种由皇帝下诏开设的“制举”，这是为选拔专门的人才设的。制举的时间不定，内容不定，由皇帝出题。即使进士及第已经当了官的人，也能再参加这种制科。有点今天双博士的意思，主要是锦上添花的作用。

名目繁多的考试都考什么？

说了这么多，有人一定很想知道，他们的考试都考哪些内容呢？如果我们穿越到了古代参加科举，能中榜吗？想要得到答案，我们得先了解一下他们都考些啥。

唐朝的科举考试科目是很多的，总共有秀才、明经、俊士、进士、明法、明书、明算、一史（《史记》）、三史（《史记》《汉书》《后汉书》）、开元礼、道举、童子等科目，每个科目的考题都不一样。秀才科最难考，所以在贞观以后，基本没人报名，也就自动废止了。明法、明书、明算都比较专业，算是技术专业，不被大家重视。闹到最后，就剩下明经和进士两科报考的人最多。

唐朝知识分子圈又有一句经验之谈："三十老明经，五十少进士。"意思是，30岁考上明经都很老了，50岁考中进士科都算年轻的。这也不算夸张，那位写下"春风得意马蹄疾，一日看尽长安花"的孟郊，就是在慈母一年又一年的手中线下，于46岁才进士及第的。等他真正拿到官位，也到了50岁。

明经科容易，也是事实，比如写出"曾经沧海难为水，除却巫山不是云"的大才子元稹，15岁考上的明经科。这么看来，如果我们穿越到唐朝，是不是也可以通过考明经科去混个官当当呢？

诚实地说，还是有点难。我们来看看这两科到底考些什么内容。

明经科的第一场考试内容为"帖经"。所谓"帖经"，按《通典·选举三》记载："帖经者，以所习经，掩其两端，中间开唯一行，裁纸为帖。"其实就是现在的填空题，写一半，留一部分给你填，考记忆力的。所贴的经文，可不是什么《金刚经》《四十二章经》，而是古代儒家的经典，有大经《礼记》或《左传》，还有《孝经》《论语》《尔雅》等。大经是二选一考其中一部，其他的几本则全部要考。每部经书考十条内容，要答对五条以上才算通过。

这么说还是有点官方和抽象，我们具体实测一下，从《左传》里出两道题：

公将战，曹刿请见，______________________。（节选《曹刿论战》）

遂置姜氏于城颍，而誓之曰：“______________________”既而悔之。（节选《郑伯克段于鄢》）

填空部分，你能填得对吗？

如果连第一关的这种基础题你都脑袋一片空白，那将预示着科举这条路对你是“前方塌方，请及时调头”。

明经科的第二场考试叫“墨义”，简单说，就是让你口头解释经典句子的意思。十条能答对六条，就算通过。如果连《论语》中简单的“为政以德，譬如北辰，居其所而众星共之”“己欲立而立人，己欲达而达人”都翻译不好，解释不出有效的意思，就别出来混了。

以上两场，还算是明经科里最简单的。第三场考试，就不是靠记忆力，而是需要真才实学，要考对朝政和天下局势的认识了。这个考试叫“答时务策”，总共有三道题。所谓时务，要看当时天下最焦虑的情况是什么，比方说，房价居高不下怎么办？安史之乱以后，怎么恢复天下秩序？大唐财政部门困难，怎么增加国库收入，减少不必要的开支等。答时务策是科考里最务实的一项，能选出有思想有能力的人，增加大唐的实干型人才。这种问题，不是日常积极关心天下民心大计的人，是很难说出什么解决之道的。

看了明经科这三场考试，有没有把你劝退？明经科都这么难了，进士科岂不是让人只想躺平？

进士科的第一项考试也要帖经，毕竟，中国古代的官学一直是儒学，儒家的经典教人为人处世的原则这一大背景不能忘。进士科也要贴一部大经，另外再加一部《尔雅》。由于进士科主要不在经文上，所以，十条里面能答对四条的就算通过。

进士科第二场就没那么简单了，要写文章和诗赋。注意，是文章、诗和赋各一篇。诗是唐朝人最擅长的，赋是汉代流行的文体。这三篇，都是命题作文，由主考官设定一个主题，考生们需要根据主题进行创作，诗需要押什么韵，都有明确限定。这种诗赋，即所谓的“戴着镣铐跳舞”。

在这各种限制之下，还有人能作出好诗吗？还真有，举个例子。唐代钱起参加科举考试那年，主考官出的题，叫“湘灵鼓瑟”。当时的主考官出题，也要彰显胸中文墨，都得从古代的经典中截取题目，“湘灵鼓瑟”就选自《楚辞·远游》的“使湘灵鼓瑟兮，令海若舞冯夷”。这次考试，主考官还要求，得押“青”字的韵，诗中还要有青字出现。押韵对钱起倒不算难事，在这个基础上，他写出了一句千古名句“曲终人不见，江上数峰青”。由此，钱起一战成名。

如果自认为写不出这种流传千古的名句，对考进士科这种难度超大的活动，此刻咱们是不是就想化身为退堂鼓艺术家了？

到这儿，赋还没上场为难呢。赋是比诗更难写的文体，给你一个天花板参考，屈原的《离骚》，就是著名的“骚赋”。你能写得出“惟草木之零落兮，恐美人之迟暮”吗？到后面，赋的写作规范更多，变成了四六骈文，各种辞藻和工整的对仗，我们就是搜肠刮肚，也不一定能写出一句佳句来。试想一下，如果你参加科举，遇到写《滕王阁序》的王勃，一看他的“落霞与孤鹜齐飞，秋水共长天一色”，你是否想遁走？

如果有人自信满满，认为诗词歌赋都难不倒自己，那么，接下来就要进入策论了。进士科的策论要考五条，明经科虽然也考策论，但他们只要回答得“粗通文理”就可以被录取，进士科就不一样了。唐代关中粮食运输困难，你不说个子丑寅卯的解决方案，安史之乱之后怎么面对藩镇林立的局面，没有想法，就很难实现蟾宫折桂。

如果你着实是个大才，闯过了前面的重重难关，获得了进士及第的荣誉，第三年，你才能参加吏部的铨试。吏部考试考哪些呢？

“身、言、书、判”四个方面。身，就是看长相和外形，著名花间派词人温庭筠怎么也考不上，很可能跟他长得能吓哭小孩有关；言要看言谈举止，回答问题时，大唐官话讲得是否标准等；书就是书法，即“楷法遒美”。当时只要是文学出身的人，就没有谁不是写得一手好字的。所以，中国古代官场才出了那么多被后代誉为书法家的人；判是判案子，要会写案情的经过、案件的结论等。所以，吏部的考试科目又叫：博学鸿词科、书判拔萃科、平判入等科等等。别以为通过了科举，吏部就是走个过场，被我们现在称为“千古文章四大家”之一的韩愈，就曾三次被吏部筛选下来。

过了吏部的考试之后，那些进士及第的人才能拿到具体的官职。因为进士科比明经科更难考，所以，在授官的时候，进士及第的人通常起点要高一点，这就像现在的985和211大学的排名决定进入公司以后的起薪，算是当时的“学历鄙视链”。元稹就因为以明经进入官场，据说还因此被“诗鬼”李贺鄙视过。

前面说过，除了常科，唐朝还设置了制科，针对性选拔人才。制科的考试科目有：志烈秋霜科、武足安边科、下笔成章科、洞明韬略运筹决胜科、才膺管乐科、直言极谏科、文辞雅丽科、博学鸿词科、才识兼茂明于体用科，等等。听这些名称，你大概就能了解他们各科所需要什么类型的人才。比如博学鸿词科，选的都是一些擅长写文章的人，做皇帝的文学顾问；武足安边科，选的就是边关型人才；直言极谏科，就是选一些伶牙俐齿之人，借他们一百个豹子胆，让他们对皇帝和朝廷的政策提各种建议。

这么看下来，唐朝的科举制似乎很完备了，什么类型的人才都能通过科举和制举被笼络进官方的大网中，可以算得上“野无遗贤”了。然而事实真是如此吗？

唐朝科举的巨大弊端

在唐朝除了科举，还有一些其他的当官途径，比如通过门荫和荐举。门荫，就是祖上或父辈阔过，为朝廷做出过重大贡献，所以，他的子孙也可以进入仕途。别小看这一点，如果你以为，祖上阔过的家族，后代肯定是纨绔子弟，那就大错特错了。古代是宗族社会，一个大家族里，不仅十分重视家族子弟的学识培养，在道德品行方面，也有着严格要求。著名的《颜氏家训》就是典型例子。这些大家族都有着主体的核心价值观，累世的目的都是培养经世济民的人才，为家族争光，为国家奉献一生。比如，著名的实干型宰相李德裕，就从没参加过科举，他是以门荫进入官场的——他爸爸李吉甫是唐宪宗时期的宰相，他爷爷李栖筠是唐代宗时的御史大夫。

此外还有一种荐举。荐举的历史悠久，通过有名气和德望的人推荐选拔人才。这是一种信任游戏。如果你信任某人的人品和眼光，他所推崇的人，自然也会高看一眼。比如，你喜欢李白，李白说孟浩然很了不起，自然，孟浩然也就进入了你心中。然而，荐举的弊端早在汉代就存在了，一来，所谓知人知面不知心，你对一个人的认识，很多时候只是这个人愿意让你看到的一面；二来，因为荐举消耗的是面子，在人情社会的古代，这种熟人和面子的维护，就大大阻碍了你正确的判断。

更严重的是，唐朝的科举考试中，其实也是荐举成风的。这就大大干涉了科举的公平和公正性了。

前面我们说过王维的例子。其实，在整个唐朝，因为荐举才走进仕途的大名人，十个手指头都数不过来。前面说的韩愈请兵部侍郎陆贽举荐，才进士及第；被称为“小李杜”的李商隐，也是通过好友令狐绹在主考官面前提了三次名字，才考上进士；再看杜牧，他是因为一篇著名的《阿房宫赋》，被古道热肠的太学博士吴武陵强行荐举给了主考官，在考试之前就给他定下了那一科的第五名。为什么排名第五呢？前面四个，被其他关系户安排好了。韩愈自己考上以后，也推荐别人。某年，韩愈一口气推荐了10个人，录取了6个！

这种情形在唐朝政府是尽人皆知的秘密，由此，唐朝又出了一条完善科举的附加制度——主考官选定成绩后，还要拿给宰相审核一下。可这样也保不住有人偏私。

《太平广记·贡举五》记载，一向正直不偏私的李德裕，也有这样一次私行。那一年，主考官王起判完试卷后，拿给李德裕看，问他还有什么意见没。李德裕扫视一遍说："安用问所欲为？如卢肇、丁棱、姚鹄，岂可不与及第邪？"好吧，王起接到指令，回去就改名次去了，按宰相所提的顺序，排列这次科考的成绩。

那么，李德裕和卢肇是什么关系呢？当初，李被贬宜春，所有人都怕跟他沾上关系，不敢靠近。而宜春正是卢肇的老家，卢肇没有那么多想法，把李德裕当一个文学大家来对待，亲自登门请他指导自己写作。这不免让李德裕在一片萧杀中感受到了一丝温暖，一来二去，俩人就成了朋友。

这样充斥着不正之风的考试，在一定程度上阻碍了其他寒门子弟，毫无关系的人的仕途之路。比如王维和李商隐如果没有其他人的帮助，很可能一生都无法进士及第。在这种考场风气下，被掩埋和隐藏的，只能是更多不知名的王维和李商隐。

除了个人关系，唐朝的科考，还有很多问题。比如，进士科的考试中，作赋的环节，举子们“戴着镣铐跳舞”，大部分人只是写点歌功颂德的句子，长此以往，判卷的老师审美疲劳，敷衍了事。柳宗元发现这种情况：“读不能十一。”改卷子的时候，主考官根本不会仔细阅卷，读了不到十分之一，也容易遗漏人才。

比如有个叫李程的考生，他参加科举的题目是《日五色赋》。以他的才华，进士及第不在话下，却名落孙山。他遇到了一位喜欢奖励后进的人，名叫杨于陵。杨于陵手抄了一份李程的考卷，主动去找这一届主考官吕渭，让他当场阅读，当场批改。吕渭看完以后忍不住称赞，确实不错。于是杨于陵顺势问，如果考场上有这张卷子你怎么办？最终，吕渭重新找到卷子，一一核对，果然发现了李程的答卷，这才重新改判，将李程录取。

所以，唐朝每年参加科考的人数不在少数，但录取率却极低，这里面，有多少人前赴后继地成了关系户和阅卷老师粗心的炮灰呢？有些愤恨不平之下，或许也留下了一两句伤心的句子，“年年下第东归去，羞见长安旧主人”“花繁柳暗九门深，对饮悲歌泪满襟”，别人及第热闹，一日看尽长安花，他们自己抱着自己，偷偷地抹一抹男儿泪，挥一挥衣袖，继续在科场里消耗半生。

由此可见，科举不仅是考生们的伤心事和龙门，对朝廷来说，科举也并没能从正面改变唐朝社会的架构。贵族和关系户，以及一系列不公平的操作，始终充斥其间。

颇具黑色幽默的是，到了唐末，一位在考场多次失利的考生，一怒之下写下“待到秋来九月八，我花开后百花杀。冲天香阵透长安，满城尽带黄金甲”的豪句，之后，对朝廷失望至极的黄巢造反了……唐朝也由此进入了生命的倒计时。

（文/大梁如姬）

外国人要想在唐代当官，需要走什么程序？

盛唐是中华民族悠久历史中的辉煌篇章。唐朝都城长安是当时的世界中心，大量的外国商人、使者、留学生汇集到长安，长安城的外国人占到了长安总人口的2%。唐太宗更是意气风发地写下“自古皆贵中华，贱夷狄，而朕独爱之如一”。

不可思议的是，唐朝还允许外国人在中国做官。他们既为自己的国家带去先进的汉文化，也为中国带来五彩的异域文化。

外国人在朝廷任职的途径

据《资治通鉴》记载，从贞观十四年（公元640年）开始，长安国子监增筑学舍并增加学员，“于是四方学者云集京师，乃至高丽、百济、新罗、高昌、吐蕃诸酋长亦遣子弟请入国学，圣堂讲筵者至八千余人”。这其中，与中国一海之隔的日本，是派留学生来中国次数和人数最多的国家。仅开元五年（公元717年），日本政府一次就选派了500名留学生进入长安学习。

在国子监顺利毕业的留学生可以参加特设的科举考试，及第者可以在唐朝政府为官。考虑到外国留学生的经史知识和文章水平有限，长庆元年（公元821年），唐穆宗还下诏为他们专门设置了一项考试制度——宾贡进士。“宾贡”的含义主要有三个：一为宾服纳贡，指大唐周边国家和地区归顺纳贡；二为宾礼贡士，指古代地方向朝廷推举人才时，待以宾礼，贡于京师；三为“宾贡进士”，特指由外邦推举而来的人才应举及第者。宾贡进士在考试难度和录取方式、录取比例上与本土的“国子进士”“乡贡进士”有所区别，说白了就是给留学生一定的优惠政策。

“宾贡进士”是古代中国科举考试的重要组成部分，对传播华夏文化起着积极作用。例如宾贡进士出身，在唐朝做过官的朝鲜留学生崔致远，他回国时带回了许多唐朝的文化典籍，在传播中国文化上起到了很大作用，对韩国影响极大，因此被韩国人民尊奉为韩国汉文学的开山鼻祖，被称为“东国儒宗”“东国文化之父”。

再以通过科举考试的日本留学生为例，粟田真人当了武周朝的“司膳卿”，高阶远成当了德宗朝的“中大夫试太子中允”，还有最有名的阿倍仲麻吕，在唐朝当了54年的官，成为唐玄宗、唐肃宗、唐代宗时期的“三朝元老”。这些在唐为官的日本人回国后，都积极传播中国的典章制度，并在日本政府担任高官，影响日本政局。可见，日本文化是中国的种子在另一地方生长起来的。

不过，宾贡进士并非外国人在唐朝做官的唯一途径。据史料记载：“卑路斯，波斯王子，国亡来唐，高宗时官拜右武卫将军，中宗时又拜左威卫将军，卒于唐。”波斯王子亡国后，逃到大唐，朝廷同情他的遭遇，让他在唐朝当将军，他也为大唐征战了一生。

当然，像波斯王子这样的是极其罕见的个例，绝大多数外国人想在唐朝为官，还是得通过科举考试。

在唐为官的朝鲜人

唐懿宗咸通九年（公元868年），12岁的新罗人崔致远肩负着父亲对他“十年不第，非吾子”的期望，渡海来到唐朝求学，并于唐僖宗乾符元年（公元874年）17岁时考取了宾贡进士，被授以江南西道宣州溧水县尉。

溧水县尉三年任满后，崔致远自荐到他仰慕已久、文武双全的扬州大都督府长史、淮南节度使、诸道行营兵马都统高骈的幕下做官。高骈唯才是举，任命崔致远先担任掌书记之职，“凡表状文告，皆出其手”。不久，黄巢起义爆发，震惊天下，为稳定政局，安定民心，崔致远执笔撰写了檄文《讨黄巢书》，檄书中一句“不惟天下之人皆思显戮，抑亦地中之鬼已议阴诛”，言辞之凌厉，令一代豪杰黄巢都心生怯意。

因为檄书文采飞扬，锋芒毕露，一时间妇孺皆知，崔致远一战成名。高骈又加授崔致远馆驿巡官之职，除撰写文告外，还掌管公文传递、官物转运、官员接待等事宜。后来，高骈特授崔致远以都统巡官，教阅军队、参与军事活动。崔致远从一个儒生，转变为一个军事官员，可谓志得意满，“称心怀捧檄之荣，满口咏从军之乐”。

中和四年（公元884年），27岁的崔致远因离开祖国多年，思念日甚，向高骈递交了辞职书。高骈以加封名衔和丰厚赏赐为他送行，唐朝朝廷又授予他唐朝“国信使”身份，委托他承担起加强新罗与唐朝交流的重任。于是，崔致远在恋恋不舍中离开了扬州，返回阔别多年的朝鲜。

崔致远归国后，曾任侍讲兼翰林学士，官至武城太守。然而新罗王位频繁更迭，政途瞬息万变，官僚腐化堕落，崔致远的仕途也一波三折，屡遭排挤。公元886年，宪康王死后，崔致远被外放至泰山郡任太守，两年后被外放到更远的富城郡，从此他再未回到中央政府任职。

然而一心想改革的崔致远于公元894年发表了《时务策十余条》，欲重振新罗，但未得到中央贵族的采纳，失望透顶的他便携家人隐居于江阳郡之伽倻山终老。

崔致远以儒学为基础去改革骨品制和解决社会问题的思想，虽然在新罗时代没有被政府认可，却在后来的高丽王朝时期华丽绽放，在高丽王朝国家体制以及社会秩序形成的过程中，发挥了巨大的作用。

崔致远除了官员身份，还是一位名扬天下的诗人，他被唐朝文坛誉为“文童”，并且以著名晚唐诗人的身份被载入中国文学史册，以至于很多中国人都不知道他其实是一个朝鲜人。

在唐为官的日本人

看过陈凯歌导演的《妖猫传》，相信都会对电影中一个钦慕杨贵妃的日本人印象深刻，他就是阿倍仲麻吕。

武周圣历元年（公元698年），阿倍仲麻吕出生于日本大和国（今奈良县），他的家族是孝元天皇之后裔。19岁时，才华出众的阿倍被选拔为遣唐留学生，于唐开元五年（公元717年）抵达唐朝，九月入长安太学学习。

阿倍仲麻吕经过数年寒窗苦读，参加唐制科举考试，以优异成绩考中进士。据日本学者木宫彦泰的《日中文化交流史》记载，在日本存有遣唐使制度的200多年间，阿倍仲麻吕是其中唯一科举及第的人。这并非日本留学生天资愚钝，而是科举制度中，进士是高等文官仕补，对诗文的要求极高，即使对中国人而言，考中进士者也是凤毛麟角。

考中进士后，他被唐朝朝廷任命为洛阳司经校书，负责典籍整理，并陪同皇太子研习学问（正九品下），其后逐年升迁，历任左拾遗（从八品上）、左补阙（从七品上），甚至秘书监，能经常在唐玄宗身旁侍奉。唐玄宗对阿倍仲麻吕的才华很赏识，特地给他起了一个中国名字叫“晁衡”。

阿倍仲麻吕在唐为官近二十年后，跟崔致远一样思乡心切，于是上书唐玄宗请求回国。唐玄宗爱才，不给办离职手续。当他在唐为官36年、已经55岁时，他再次上表请归。唐玄宗这才准许他回国，为了表彰他的功绩，还将其官职升为从三品，并任命他为唐朝回聘日本使节。唐玄宗还特意给他写了一首赠别御诗：

日下非殊俗，天中嘉会朝。
念余怀义远，矜尔畏途遥。

涨海宽秋月，归帆驶夕飙。
因惊彼君子，王化远昭昭。

但是，天不遂人愿，阿倍仲麻吕的船随风漂到了越南，并遭遇了当地土人的袭击，死了170多人，仅有阿倍仲麻吕等10余人生还。看来日本是回不去了，他只好再次辗转回到长安，并决心仕唐终生。

他重返仕途，先后深得肃宗及代宗信任，历任要职，由左散骑常侍（御前谏官，从三品）至安南都护、安南节度使（河内当地最高官员，正三品），最后官至光禄大夫兼御史中丞、北海郡开国公，食邑三千户。公元770年1月，阿倍仲麻吕在长安病逝，葬在长安，唐代宗追赠他“潞州大都督”的称号，以纪念他为唐朝奉献终生的功绩。公元836年，日本仁明天皇追赠他为正二品。

除了阿倍仲麻吕，还有一位在唐为官的日本人很有名，叫藤原清河。他是日本圣武天皇外戚，在朝廷一直担任要职。752年，他率领遣唐使团前往长安拜谒唐玄宗，被玄宗称赞有君子之风。玄宗下令让阿倍仲麻吕引导藤原清河等人查看府库和三教殿，又画下藤原清河与吉备真备的形貌纳于蕃藏之中，足见其所受的重视。

753年，藤原清河决定带着阿倍仲麻吕一起回国。临走前，他还拜会鉴真大师，邀请大师一起去日本传授佛法。时年已66岁且双目失明的鉴真慨然允诺，于是藤原清河带着鉴真一行，四艘遣唐船于11月从扬州出发，沿南岛航线返回日本。结果，就如上文中提到的那样，他们没能顺利回到日本，在越南捡回性命的藤原清河和阿倍仲麻吕只得又回到长安。

回到长安后，藤原清河将自己的名字改为河清，唐玄宗任命他为特进秘书监。759年，日本淳仁天皇专门派出以高元度为大使的遣唐使团迎接藤原清河回国，但此时唐朝正处于安史之乱中，唐玄宗以行路危险为由拒绝放藤原回国，藤原不得不再度羁留于唐。

此后近二十年，一直回乡无望的藤原在唐结婚，并育有一女名叫喜娘。而在日本，他的官位也被遥授至从三品，以遣唐大使兼常陆守及民部卿。唐朝也追赠其为潞州大都督。

在唐为官的中东人

黑衣大食是阿拉伯帝国的第二个世袭王朝阿拔斯王朝，750年取代倭马亚王朝后，直到1258年被蒙古统帅旭烈兀灭亡，建立了四大汗国之一的伊儿汗国。

大食人李彦升来到中国前，据其自称其家族较为高贵，因仰慕唐朝文明昌盛，自少年起便跟随长辈到中国经商，又积极学习、钻研儒家经典，最终成为一名精通汉学的番客。

因为能说一口流利的汉语，且对儒家经典有深刻见解，他被宣武节度使卢钧偶然发现，认定他是个人才。加上希望能借助其家族在大食的势力，来促进唐朝与大食的关系。于是，卢钧上书朝廷，请求唐宣宗恩准李彦升参加科举。

唐宣宗经过对他的调查，认定他不是心怀不轨的他国间谍，便准许他参加大中二年（公元848年）的科举考试。

李彦升在考试中不负众望，所撰论文赋体之妙，策问对答之熟，非同一般，令唐宣宗为之折服。他一举及第，成为当年全国23名及第之一，消息传出朝野皆惊。当时正值安史之乱之后，朝廷有人加强了对外国人和外族人的警惕，“非我族类其心必异”，认为应该取消李彦升进士资格。

据《全唐文·华心》记载，反对者都认为李彦升有身份问题，质疑他参加科举的动机，以及对朝廷的忠心。他们相信，李彦升若跻身高位，难以保证他不会成为安禄山、史思明第二，对国家安全有百害无一利。

不过，也有部分朝臣力挺李彦升，认为英雄不问出处，只要有真才实学，就应该为我所用。卢钧就在唐宣宗面前称李彦升虽是番客，但是“形夷而心华”，比起很多不知礼义廉耻的中国人更像中国人，朝廷应当破格重用他，唯此才能体现帝国的开放及包容。

唐宣宗认为卢钧说得很有道理，便钦点李彦升为翰林学士，由此，李彦升成为中国史上唯一一个阿拉伯进士。由于史料记载缺漏，导致他后来的经历一片空白，但依据合理推测，以他的才华，应当不断加官晋爵，位至公卿，就像阿倍仲麻吕那样。

除了李彦升，还有其他的中东人在唐为官。其中有波斯人阿罗喊，在武则天的时候任职右屯卫将军，还有同样是波斯人的李元谅，在唐德宗时期任职华州刺史。

“有朋自远方来，不亦乐乎？”

在唐朝，中国人通过学习他人和迎接朋友来提升自己。中国人追求的是展示自己文化的魅力，“近悦远来”，“和而不同”。那些在唐为官的外国人是中国人开放与包容精神的最好体现，而这种精神，被我们代代传承。

（文/柏舟）

宋代科举政策：士人鼎盛与冗官并存

有人说宋朝是“商业革命”时代，如开创性地采用纸币“交子”，魄力十足地将海外贸易税收视为经济支柱；有人说宋朝是“技术革命”时代，如金属冶炼上广泛采用煤炭作燃料，金属质量有了飞速提升，瓷器制作上推出五大名窑，打破了唐以来“南青北白”的单调格局；有人说宋朝是“城市革命”时代，城市内市坊之间互通有无，商业活动随处可见、随时可行，城内之民踊跃参与经商，身份经历着由“居民”转向“市民”的巨大转变……

在诸多辉煌成就之中，宋代的文化才是登峰造极、独步古今的。

宋代文化无论是高度还是创新性都是彪炳史册的：陈寅恪有言，回首中华文明五千年的发展，可谓造极于宋；严复有言，近代以来社会之文化风俗，十之八九来源于宋；而王国维更是盛赞宋代文化之精锐，金石学等开后世之先河。那么根植于宋代文化的基因究竟是什么？它如何推动震古烁今的繁盛文化？

宰相须用读书人

一场“黄袍加身”令赵匡胤开创北宋之世，而坐拥中原的他并未停下征战的脚步。他贯彻“先南后北，先易后难”的作战思路，荡平南方割据政权，朝中宰相赵普欲宣扬宋军征讨的威严，建议将年号由“建隆”改为“乾德”，意思是顺应天意、收复民心，赵匡胤颇为高兴，决定于次年正月颁行。

然而，“乾德”年号推行的第二年，出现了无比尴尬的事情。原来刚被攻克的后蜀政权出现了刻有“乾德四年”记号的铜器，朝中君臣一片愕然，这说明在巴蜀一带早就有人用了这个年号，再一询问竟然是前蜀政权亡国之际的年号，寓意不祥啊！宰相赵普平日经常得罪同僚，经此一事，卢多逊、窦仪等名臣纷纷加以指责，“乾德”年号迅速引起轩然大波。

赵匡胤先是怒斥赵普，后转而一想，如今形势早已不是“马上得天下”那么简单，我们要“典章治天下”，于是他命人取来笔墨，在赵普面前写下“宰相须用读书人”！

如果故事到这里戛然而止，顶多算是赵普“不学无术”的倒霉事儿，但赵普自此发奋苦读，留下了“半部论语治天下”的传闻，更在《宋史》中留下了20年后遍阅史籍、30年后旁征博引的记载，一介孤陋寡闻的“文吏”竟最终成了学识渊博的“硕儒”，这恐怕不仅仅是赵普个人的传奇经历，背后是宋代用人的时代转型。

赵匡胤想要根除唐后期以来的藩镇割据局面，果断采用了“稍夺其权、制其钱谷、收其精兵”的策略，也就是收回地方节度使的行政权、财权和兵权，这样就能实现中央权力的集中。但要想长治久安，仅仅靠手段是不够的，更要靠统摄人心：以赵普为代表的是精于谋划的幕僚集团，他们既是心腹也是不稳定因素；以党进为代表的是攻城拔寨的军功集团，他们既是利器也是随时可反叛的掌兵之人。如果不能让幕僚中的谋臣信服，不能让军营中的将领忠诚，那么北宋的江山转眼还会易主，“宰相须用读书人”在当时是因事而发的感慨，而在日后实则传递出君王欲以儒术“三纲五常”治理天下的切实思考。

自此，文臣读诗书、武将阅经史成为两宋独特的时代风貌。

崇文首推科举制

宋太祖为稳固统治而提倡“文治”的理念，在太宗朝得以弘扬。宋太宗继位存在“烛影斧声”的争议，又赶上两次北伐幽云十六州不利，难以树立正统与威严，他深切体会到太祖的深谋远虑，感到非“文治”不足以稳时局，非儒术不足以定江山。那么如何才能做到恢宏“文治”而又足以避免官员夺权呢？

宋太宗苦思冥想后找到了问题的关键：那就是扩大官员人数，同时降低品级；大幅降低入仕门槛进而形成社会影响力。这样一来，就不会有权臣能与君王分庭抗礼，众臣员将依据才干与受信任程度走马上任，宋太宗在用人上能够自由驾驭；而百姓则喜于转换身份、光耀门楣，对王朝入仕政策感恩戴德，宋太宗能得到士人的拥护。那么实现这两者的核心手段是什么呢？

这就是科举制，宋人的科考不问出身解决门槛问题，分科公平取士解决选拔问题，依据儒家经典解决思想问题，科考易登显位解决期望问题。是科举制“盘活”了大宋政局，是“科举制”造就了文化繁荣之世。

第一，宋代科举要解决考生身份这一棘手问题。科举的本意是扩大王朝统治基础，贯彻儒家治国理念，但是入仕做官又是极其严肃而重大之事，所以力求其全但保留底线。首先宋朝规定僧侣、道士不得科考，服丧、受刑之人不得科考，这是维护科考尊严、实现百姓教化的举措，但是又破天荒地允许工商业者参与。连中三元（解试、省试、殿试三考均为第一）的冯京曾名噪一时，他就是大商人之子，此举改变了士农工商的狭隘见解，让更多的有志之士、社会能人参与其中。然后是解决官民子弟身份不同的顾虑，以往科考各级官员的亲属混在其中，难以确保推荐名额的公平，宋代专门制定了“别头试”，也就是在地方初试的时候将官宦亲属单独召集起来，推举其中十分之三参加中央的考试，他们不占用一般考生的指标，确保了平民百姓晋升之路的录取率。最后是有无声望之人科举待遇的不同，在唐代时盛行“公荐”和“延誉”，前者是科考前考生凭借人脉将自己的习作呈现给主考官或朝中大员，后者是作品获认可后由该官员公开赞扬乃至提前锁定科考名次。宋代则强调科考本身的重要性，入仕与否不在人脉往来，而在科考发挥，主考官与朝中名臣也要避嫌，确保科举之制一视同仁。

第二，宋代科举要解决考试公正这一核心问题。科考公正方能让人信服，然而隋唐以来存在诸多问题，比如主考官的泄题与个人喜好，又如考试过程中的抄袭、夹带，再如审阅过程中未隐去考生姓名、籍贯的评定，诸多不足之处严重制约着科举的公信力。

宋太宗时名臣苏易简任“同知贡举”，他率先做到“受诏即至贡院视事，不更至私第，以杜请托”，这一光明磊落之举日后成为王朝遵循的惯例，称为“锁院”。面对考试现场考生席地而坐、交头接耳的情况，宋代拉大了考生之间的席位，由两名监考员轮番巡视，一经发现作弊永远不得参加科考，同时试卷字体要与之前考生所写籍贯字体相对比，如果不吻合（即冒名顶替）即要追究责任，视为“杜患”。为避免考官审阅过程中洞悉考生信息，以便照顾弟子、亲属，宋代采取覆盖卷头的做法，即“糊名”（也称“封弥”），又为防范考生在试卷中留下记号，与考官私下串通，宋代专门安排文吏重新抄录试卷，即“誊录”。种种措施为宋代独创，反映出保障科举公平公正的良苦用心。甚至原本唐代形成的解试、省试两级考试（即地方试、中央试），到宋代时特意增加了殿试，由皇帝亲自把关，以防官员们以下瞒上，推送贵胄无才之人。

第三，宋代科举要解决考试多元这一务实问题。一提起科举，我们往往想到的是进士科，科举实则包含诸多选拔科目：进士科是着眼文采与才干的，是跻身高位的捷径；而明经科则是着眼熟读经史，考察墨义的；同时还有礼仪、法令、书法、筹算等多门科目，反映出宋朝不拘一格的选拔标准。一般进士科以外科目被视为诸科，可详见下表：

诸科内容

科目	考试内容	帖经、墨义
九经科	《周易》《尚书》《毛诗》《周礼》《仪礼》《礼记》《春秋左传》《公羊传》《穀梁传》	帖书一百二十帖，墨义六十条
五经科	《周易》《尚书》《毛诗》《礼记》《春秋》	帖书八十帖，墨义五十条
三礼科	《周礼》《仪礼》《礼记》	墨义九十条
三传科	《春秋左传》《公羊传》《穀梁传》	墨义一百一十条
学究科	《周易》《尚书》《毛诗》中的一经或两经及《论语》《孝经》等	墨义《毛诗》五十条，《论语》十条，《周易》《尚书》各二十五条，《尔雅》《孝经》共十条
开元礼、通礼科	《大唐开元礼》或《开宝通礼》	墨义三百条
三史科	《史记》《汉书》《后汉书》	墨义三百条
明法科	律、令、断案及《论语》《孝经》等	律令四十条，墨义五十条

摘自游彪：《宋史：文治昌盛　武功弱势》，北京：中信出版集团，2017年，第402页。

太祖、太宗时期奠定了“文治”的格局，科举制成为日渐完善的选官之制，这已然成为大宋的“祖宗之法”，成为宋文化强盛的内在基因。此后，天下之人莫不以读书入仕为荣，真宗创作的《劝学诗》也是直言不讳“书中自有黄金屋”“书中自有颜如玉”“书中自有千钟粟”，仁宗嘉祐二年的科举名人辈出，被后世称为“千载第一榜”，当年欧阳修任知贡举，录取的进士名人包括苏轼、苏辙、曾巩、曾布、张载、程颢、程颐、吕惠卿、章惇、王韶等，可谓人才云集、群星闪耀。科举成就“文治”，宋代朝野上下群贤毕至，科举也成就“世风”，宋代文化民风享誉后世。

文治造就新世风

如果说唐代一科取士以20人为多，那么宋代则动辄一科数百，最高一次可达1200人。

宋代文官之盛是独步古今的，从出身来看，《登科录》所载之进士大多为布衣家庭，他们跻身官场却没有显赫背景，自宋代起世家大族、门第阀阅的观念大为削弱，“朝为田舍郎，暮登天子堂”成为趋势；从任职来看，宋代起初虽然未能沿用三省六部制，而是采用机构繁杂、依能力提拔的差遣制，但是这一体制能容纳数量庞大的文官群体，他们饱读诗书，有“致君尧舜上”的使命，有“士大夫与皇帝共治天下”的担当，有“先天下之忧而忧”的责任，有“为往圣继绝学，为万世开太平”的情怀；从作为来看，有吕端面对真宗即位时形势突变的沉着应对，有寇准笑看契丹来犯时的御敌澶渊，有范仲淹、王安石针砭时弊的变法革新，有苏轼出任杭州后的千古留名。这是宋代文官空前庞大的集聚效应，这是儒家理念响彻政坛的时代强音。

有了这样强而有力的文官群体，宋代的国家治理游刃有余：就中央集权而言，宋代的纵向管理得以贯彻，大量中央文官出任地方长官，以州统县、以路统州，文官牢记君臣之道为国守土，将地方军权、财权系之于中央，将地方实情、急情汇之于中央，中唐以来的藩镇割据烟消云散，宋代开启的文臣治理收效颇丰。就机构分权而言，宋代的横向监督得以落实，中央内部宰相权力一分为三，参知政事掌政、三司使掌财、枢密使掌军，地方上路级机构分作“四监司”，安抚使、转运使、提点刑狱、提举常平分别掌握军、财、刑、仓，州级长官分作知州与通判，二者互为牵制，必联合署名方能行事。

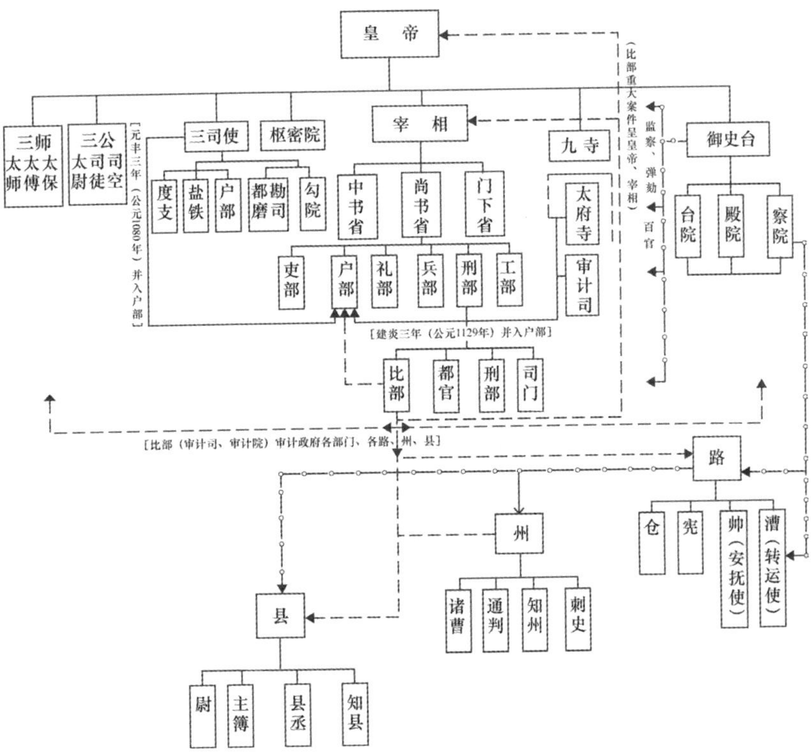

宋代机构示意图

摘自游中民等主编：《中国审计法学》，北京：中国广播电视出版社，1993年，第341页。

如果说刚才的纵向集权与横向分权展现了机构设置的

策略，那么宋代差遣官员的“知”“同知”“提举”“判”等称谓反映了人才任用的灵活性，职务与官员的结合不再以品级为门槛儿，低级别的官员可以凭借能力越级任职，高级别的官员如若不被任用也可暂时保留俸禄。宋代国家治理是庞大文官群体的运作，是别开生面的时局。而在科举制的推动之下，在士大夫文化修养的引领之中，宋代更形成了浓郁的文化风貌。宋学是两宋时期的重要学术成就，王安石的荆公新学、苏轼的蜀学、二程的洛学交相辉映，宋学强调“六经注我”，展现文人的独立思考，把儒家经典作为人生的注脚，而汉代文人则强调“我注六经”，着眼于学术的刨根问底，日后形成了“汉学”“宋学”两大思想文化高峰。同时二程洛学延展出宋明理学的脉络，由“天理”的阐发到“格物致知”的追求，至南宋时形成完备体系，朱熹作为重要传承者将理学思想融入《四书章句集注》，伴随着该书成为科举考试的权威书目，程朱理学的地位无可撼动。

编书、撰著在两宋时期颇为流行，一方面是官方主导下的大型类书，《太平广记》《太平御览》《文苑英华》《册府元龟》等震撼世人，佛藏、道藏等刻印规模巨大；另一方面官方与私人著史的丰富多样，官方的起居注、日历、实录、会要堪称事无巨细，司马光等名臣奉命编纂的《资治通鉴》等光耀古今，以至于《三朝北盟会编》《建炎以来系年要录》《建炎以来朝野杂记》等无一不是时代经典，同时大量留存的宋人笔记小说，展现出大快朵颐的典故秘史、风俗趣闻。

诗词、绘画在两宋备受追捧，宋人诗作名句倍出，如王安石“春风又绿江南岸”“不畏浮云遮望眼”，如苏轼“只缘身在此山中”“淡妆浓抹总相宜”等，词作更是堪称文学的高峰，约两万首宋词中名篇不胜枚举，婉约派的柳永、李清照，豪放派的苏轼、辛弃疾让人不胜景仰；宋代绘画既有宫廷画风的绝妙，又有世俗画风的通达。前者集中体现于徽宗时期的宫廷作画，主题往往有“踏花归来马蹄香”“野渡无人舟自横”等让人拍案叫绝；后者表现为贴近生活的风俗画，如《清明上河图》《货郎图》等。而金石学则是两宋时期开创出的重要学术领域，欧阳修的《稽古录》一千卷、《跋尾》十一卷堪称时代之先，继之而起的有吕大临的《考古图》、王黼的《宣和博古图》、赵明诚的《金石录》等，对古代文物的形态、铭文、考校等进入到系统化梳理阶段，是近代考古学之先河。

士人鼎盛与冗官并存

宋代文化之繁盛源自“文治”，“文治”局面之形成依托科举。我们眼中的宋代是读书入仕蔚然成风的时代，是文官群体颇有作为的时代，更是文化领域璀璨夺目的时代。然而宋代“文治”所造就的“崇文抑武”局面，未必是强国之音，武将的备受牵制、唯唯诺诺必然带来军事上的萎靡不振，两宋难以恢复旧疆，难以重塑汉唐雄风正在于此；文官的繁冗、闲置也大大消耗着国力，正如宋祁所言“州县不广于前，而官五倍于旧”，士大夫的备受尊崇与保有俸禄使得财政开支越发紧张，为安置文官群体而形成的“叠床架屋”式的机构，使得众多事务推诿、牵制，大大影响了行政效率。钱穆先生曾总结宋人时论，将宋代的危机归纳为“三冗两积”（即冗官、冗兵、冗费导致积贫、积弱），的确是难以回避的时代症结。宋代“文治”是人才选拔与治国理念的重要尝试，它造就辉煌，谱写时代篇章，我们充分认可；而隐藏危机，值得深切反思，我们必须感知。每一个时代有一个时代的使命，每一个时代有一个时代的成就，我们仰慕过去，也要造就今朝。

（文/楠书房）

大宋第一伯乐，撑起北宋半边天：欧阳修到底举荐了多少人才？

称欧阳修为“千古伯乐”，最早可追溯到脱脱编修的《宋史》，其中，惊才绝艳如苏轼、文学成就如曾巩等不世出的大才，统统都是欧阳修的门生故吏。

那么，欧阳修究竟举荐了多少人才？

偏科的苏轼

苏轼的文学基础来自父亲苏洵的家学。苏洵在自己科举屡屡落败后，将经世致用的希望寄托于儿子苏轼、苏辙身上，在《上张侍郎第一书》中回忆了其对二子的教育：“始学声律，既成，以为不足尽力于其间，读孟、韩文，一见以为可作……”

自幼，苏轼便接受了策、论类文章的教育，父亲苏洵认为时文“好奇而务深”“虚浮不实”，倡导“文贵自然”“有所不能自已而作”，这与当时正在酝酿的北宋诗文革新运动暗合，所以，苏轼年少时接受的教育恰恰跟随了文学变革的脚步，使得他在日后的科举考场上，受到了欧阳修的关注。

关于欧阳修与苏轼，多年来一直盛传，苏轼殿试考了第一，但因为欧阳修误认为这是自己门生曾巩所写，为了避免徇私，将此文的真实作者苏轼降为第二。然而，如果我们深入去看曾巩和苏轼的文章，会发现这种说法破绽颇多。相反，真实的情况，可能会更令我们意识到欧阳修对苏轼的知遇之恩。

宋仁宗嘉祐年间，考生在殿试阶段几乎不会再落榜，只是用来决定最终名次，所以，省试在宋代科举中才是最重要环节。按《宋史》载：宋代省试“凡进士，试诗、赋、论各一首，策五道，帖《论语》十帖，对《春秋》或《礼记》墨义十条”。到了宋仁宗宝元年间，在李淑的建议下，又改成了：“先策，次论，次赋及诗，次帖经、墨义，而敕有司并试四场，通较工拙，毋以一场得失为去留。”

也就是说，在进士科举考试中，并非单单考一科，而是综合策、论、诗赋、帖经（墨义）四科的总成绩，进行综合排名，苏轼斩获第二的《刑赏忠厚之至论》，也仅仅是其中的一个科目而已。

事实上，苏轼的《刑赏忠厚之至论》与曾巩《论刑赏》稳健的行文风格有着霄壤之别，曾巩不喜堆砌辞藻，不喜旁征博引，甚至很少提纲挈领地对文章作出总结，文风朴素。而苏轼的文章一改五代宋初以来的浮靡艰涩之风，行文平易晓畅，用典炫技颇多。

此外，在当年的科举考试中，苏轼的用典也存在着一些问题。

在苏轼文章中所引用到的《诗·小雅·巧言》中，苏轼写道：

“君子如祉，乱庶遄已；君子如怒，乱庶湍沮。”

但翻开原文，其实是：“君子如怒，乱庶遄沮；君子如祉，乱庶遄已。”也就是说，苏轼把原文顺序记混了。

这还不算，在文中所引用的尧帝三阻皋陶判刑的典故中，完全是苏轼瞎编的：“当尧之时，皋陶为士。将杀人，皋陶曰‘杀之’三，尧曰‘宥之’三。”

苏轼在短短六百多字的文章中用典频频出错，但行文、观点、论述却皆是顶尖，这让当时的主考官欧阳修纠结不已，他的“伯乐”能力也让他做了比较突破的选择——给了才华横溢的苏轼以第二名的成绩。

放榜之后，欧阳修专程去问苏轼，他文中提到的“尧曰‘宥之’三”的典故出自哪里，结果，苏轼给了欧阳修一个十分潇洒的回答：“想当然耳，何必须要有出处。”

这种级别的考试，苏轼敢瞎编典故，也幸亏是遇到了脾气好又爱才的欧阳修，到底也没有和他计较，苏轼也从此顺利踏上仕途。

从最后授予的官职来看，苏轼的总成绩并不出彩，甚至处于殿试考生的中下水平：北宋的殿试成绩从一甲即为甲科，二至五甲为乙科或丙科，不同的成绩对应的是不同的授官职位。苏轼的最终殿试成绩为进士乙科，试后授官县主簿，处于最基层。

在四科考试中的《春秋》对义中，苏轼考了第一，后来的《刑赏忠厚之至论》又得了第二，但总成绩失常如此，可见其余两科发挥之差，如果没有伯乐欧阳修在省试中将苏轼的文章定为第二，或许苏轼在当年科举名落孙山也犹未可知。

曾巩的漫漫科举路

在苏轼的同届考生中，时年39岁的曾巩可谓一路坎坷。

论及出身以及家学底蕴，曾巩并不比苏轼逊色，曾巩家族世代为学者，祖父曾致尧，曾任尚书户部郎中，而父亲曾易占，也是太常博士出身，曾任临州尉、知监等。曾巩自身遗传了家庭的良好基因，天资聪慧、记忆力超群，幼时读诗书，脱口能吟诵，与兄长曾晔一道，勤学苦读，早在12岁时，就尝试写过科举《六论》。

可偏偏生不逢时，曾巩年轻时参加的科举考试里，华丽的文风以及剑走偏锋的奇诡论述往往能博得考官青睐，很明显，这并不是曾巩所擅长的。

在1037年到1056年的将近二十年间，曾巩参加的两次科举都以落第告终，而突如其来的家庭变故又让曾巩背负起了沉重的负担。所幸在这期间曾巩认识了改变自己一生的伯乐欧阳修，成了他的门生。

曾巩与欧阳修认识得很早，是在曾巩第一次进京考试之后，当时的欧阳修是馆阁校勘。曾巩对于崇好古文的欧阳修向来仰慕，借助这次进京赶考的机会，曾巩给欧阳修写了第一封信《上欧阳学士书》，信中，曾巩希望欧阳修能够了解到自己的志向，并且希望欧阳修可以收自己入门。

对于不第的曾巩，欧阳修并没有任何的轻视，收到曾巩的信件后，欧阳修被信件内容以及后来的《时务策》打动了，欧阳修发现，这位声名不显的曾巩擅长策论，不过是因为轻于盛行一时的科举时文而落榜罢了。

发现曾巩是一位不可多得的人才，欧阳修很快回复曾巩，称其为“其大者固已魁垒，其于小者亦可以中尺度”，在《送曾巩秀才序》中，为曾巩的屡试不第叫屈，从此将曾巩收入门下，悉心栽培。

即便曾巩是个高龄落榜生，欧阳修也对他做出了极高的评价：“过吾门者百千人，独于得生为喜。”

虽然多次名落孙山，但在欧阳修的极力扶持下，曾巩并没有因此放弃仕途，终于在嘉祐二年（公元1057年）以39岁高龄中了进士。入仕之后，经过欧阳修的举荐，曾巩就任于馆阁校勘，欧阳修对于文学的见解深深影响到曾巩，师徒二人的文章具备的纪实性，也就是崇尚实学、反对形式主义的文风也深深影响了北宋中后期的科举考场。

终其一生，欧阳修都在以自己的方式栽培曾巩，而曾巩除了作为北宋诗文革新运动的积极参与者、宋代新古文运动的骨干以外，处理政务风格务实、细致，愿意深入到基层调查了解工作，无论是在中央还是地方齐州、越州、洪州都留下了美名，这也是曾巩对于务实主义者欧阳修提携之恩的最好回馈。

星光熠熠的科举第一榜

嘉祐二年（公元1057年）对于进东京汴梁赶考的众多学子来

说，不是一个好年份。

如果不小心参加了这一年的科举考试，那就避不开一件事——崇尚古文运动，并遇到向来反对北宋前期以诗赋取士的考试标准的主考官欧阳修。

在《六一诗话》中，欧阳修宣示了他对过往科举考试的看法："自科场用赋取人，进士不复留意于诗。故绝无可称者。"而担任当年主考官的欧阳修自然大刀阔斧地对考试内容进行了改革。

这个改革在当时引起了轩然大波，却被后世称为"千年科举第一榜"，大名鼎鼎的苏轼、曾巩正是这场改革的受益者。

欧阳修担任主考的嘉祐二年，苏轼、曾巩只不过是当年科考的一个缩影。当年科举各科共录取了899人，其中进士388人，在这一大群人中，对后世造成巨大影响的就有10多人，除了上文提及的苏轼与曾巩，这份进士名单还有苏辙、张载、程颢、程颐、曾布、吕惠卿、章惇、王韶……

这些榜上有名的人最终又达成了什么成就？

王安石变法骨干：章惇、吕惠卿、曾布，对当时社会发展以及后世借鉴有极大参考意义。

关学：由张载创始，以《易》为宗，以《中庸》为体，以《礼》为用，以孔、孟为法。他提出了以"气"为本的宇宙论和本体论哲学思想。

洛学：以程颢、程颐兄弟提出，以儒学为核心，并将佛、道渗透于其中，旨在从哲学上思辨"天理"与"人欲"，主导两宋交际哲学思想。

蜀学：由“三苏”父子创立的儒学派别，经学方面颇有造诣。

此外，当届科举还出了九名宰执，文官出身的王韶甚至主导了宋夏之间的熙河大捷。嘉祐二年，由欧阳修主持的科举考试，无论是含金量还是影响力，在这千年的科举史中，可称得上巅峰时代。

“门生故吏满天下”的名士在历史上并不少见，但论及质量，首推的还当是欧阳修。

欧阳修是个务实主义者，这从他的文章风格就可窥探几分。欧阳修的思想讲究文道并重，讲究写实性和实践性，也一直倡导诗文革新。欧阳修极力反对五代宋初夸张虚浮的文风，他认为，自五代到当世的文学作品修饰浮夸、辞藻过于华丽而言之无物。

欧阳修的思想在他主持的科举考试中体现得淋漓尽致——言简意赅、言之有物、注重实学，因此，务实的欧阳修也为宋朝廷筛选出一大批人才，而在欧阳修之后，他的思想仍然在两宋科举中因袭，影响深远。

慧眼独具的欧阳修既能识才爱才，又能不计亲疏举才荐才，“千古伯乐”的美称于他而言，应当是实至名归。

（文/湘桥蓬蒿人）

明朝进士是怎样炼成的：每一个变量都足够改变一生

1613年3月，一位来自扬州府的24岁年轻人考取了三甲进士。这一刻他走到了求学之路的巅峰，马上也将开启新的人生路——仕途。

对于好苗子，从来不缺积极的指导者。很快，一位老乡就劝这位年轻人："要找找某某重要人物，给自己要一个美缺。"

他的回应很实在："我应该安心等待和服从朝廷分配，怎么可以向人营求职位呢？"

8月份，吏部分配年轻人到了事情少且偏僻的邵武县（比他小两届的袁崇焕起点也在这里），之后的几年里先后任福建晋江、山东潍县知县，到了1621年回京参加期满考核。

这几年中，年轻人在邵武移风易俗、在晋江处置贩卖女子的分巡道中军、在潍县供应辽东军需，这些事很锻炼人，也很得罪人，显然他得到的锻炼多，得罪的人少点。之所以得罪的人少点，主要是由于进士身份带来的信用溢价，总有人为他说句公道话。

回到京师，他住在城外。此时吏部缺司官，有人专门去给他讲："吏科给事中某某是你的老乡，找找他你就可以去吏部。"

吏科给事中是言官系统，话语权极强；文选司是六部第一司，好到"宁做文选郎，不为方面官"。

年轻人再一次回答："古人以自荐求仕为耻，所以我是不会做这样的事的。"

这个年轻人叫吴甡，后来当到内阁大学士，这是他晚年的回忆。他之所以着重强调这些事，估计当时的官场风气不是这样。

那么问题来了，明朝的进士，是如何一步步适应并改变的呢？

初出茅庐的书生意气

如前所言，中进士后的分配非常重要：是去翰林院做庶吉士整理皇家文献和拟诰敕，还是去吏部为国家选官员，是去江南富庶之地当官，抑或是去偏远山区或者边疆当地方官，区别是非常大的。不过，对于多数人而言，这一步基本是由考试成绩和吏部决定的，能靠自己改变的毕竟是少数。

新晋进士最不缺的是一腔热血，最容易做的也是评议朝政。分配到翰林院和言官系统的进士最有书生意气，也最按照圣人古训来理解并要求这个世界。

王阳明，28岁（公元1499年）以第九名的成绩中进士。父亲是1481年的科举状元，官至南京吏部尚书。王阳明在这样的环境中长大，和内阁大学士李东阳等诸多高官多有交流。家学深厚、交游层次高，按一般的规律，王阳明应该在官场游刃有余，但恰恰相反，进入仕途七年后，他在刘瑾掌权的时候上书反对刘瑾，结果挨了四十大杖，去贵州龙场驿站做了三年驿丞，重新从知县做起。一来一去，仕途耽误了十来年，放到一般进士身上，再回首就是百年春。

严嵩，25岁（公元1505年）以第四名的成绩中进士，被选为庶吉士，散官授编修。这样的起点和路径，成为大学士的概率很高，做个尚书侍郎毫不费力。刚进入仕途的严嵩，面对的是刘瑾当权，严嵩没有选择直言，而是默默回乡读书，一读就是十年，这期间，他修订府志，也获得了整个士林的赞誉。他再出山时，已经是不惑之年，等一步步到了上层，在兴献帝庙号称宗的问题上才领略到天威浩荡，清誉毫无抵抗力，之后一百八十度转弯，以嘉靖之是为是，彻底从清到浊。

徐阶，20岁（公元1523年）以第三名成绩中进士，授以翰林院编修。徐阶的家境虽不比王阳明，比起严嵩还是强很多的，对官场很熟悉。徐阶从小聪颖敏睿、有一定城府，在士大夫间有不错的声誉。按一般标准，这是一个近乎完美的好苗子。但在翰林院的徐阶，依然血气方刚，在讨论祭祀孔子标准的问题上，坚决反对嘉靖最宠幸的大学士张孚敬，而且是现场直接顶撞。冲动一时爽，后果很严重，翰林院的高平台直接换成了延平府推官，后来一步步府同知、按察佥事、按察副使、学政，走了一大圈弯路。

各人有各人的选择，这些人说到底还是幸运的，但对于更多进士而言，这不是弯路，而是一条不归路。

杨循吉，28岁（公元1484年）中进士，实习（观政）结束后分配到礼部仪制司，担任主事。或许是在饭桌上听到翰林朋友的信息，或许是自己研究典制的结果，他决定上疏请求朝廷释放建文帝的子孙。建文朝的相关问题，对于朝廷而言是大忌，属于不可讨论范畴。幸亏旁边的一位同事对他说："你为何要参与这种灭族的事？"并把他的奏疏拿走，最终上奏没有成功。杨循吉觉得自己志向施展不开，直接辞官回家读书。读书多年，无人问津，曾经的少年变化很大（这点和严嵩一致），在武宗南巡时，走伶人的路子出山，结果被安排去作曲，显然非其所求，再次求归。一生即如此蹉跎掉。

邹智，21岁（公元1487年）中进士，成为翰林院庶吉士。邹智颜值高（秀伟）、人聪明（聪悟），前途无可限量。然而，恰好这年，天象有变，朝廷下诏求言，要求"所在官员人等，指实条具以闻"。一般的奏疏都在事务层面，邹智却直接谈朝廷用人，将万安、刘吉、尹直等多位大学士批评一通，并批评了皇帝。奏疏上去，成化皇帝将其留中不发，但在几年后，依然被牵连到贬谪，死在了谪居的地方。

甚至状元郎都难以免祸。罗伦（24岁状元，公元1466年）因弹劾李贤夺情被谪福建市舶司副提举，张昇（28岁状元，公元1469年）因弹劾大学士刘吉被贬为从五品的南京工部员外郎，舒芬（33岁状元，公元1517年）因劝谏武宗南巡被谪为福建市舶司副提举。

从教化到现实，差别异常大，能像王阳明、徐阶、张居正做到归来依旧是少年就算完美了。时人陆容说：“后生新进，议论政事，最宜慎重，盖经籍中所得者义理耳。祖宗旧章，朝廷新例，使或见之未真，知之未悉，万一所言乖谬，非但诒笑于人而已。”

关键时刻的朋友

在万历朝担任过吏部尚书的张瀚（25岁中进士，公元1535年）回忆自己刚入仕途，在都察院实习的情形：当时的都察院负责人（左都御史）名臣王廷相（20岁中进士，公元1502年，文学“前七子”）对他的河南同乡新科进士讲“刚进仕途，交朋友要谨慎，比如说张瀚，可以和他交朋友”。这是前辈对张瀚人品的一种认证，也是久经宦海的职场前辈的殷切指导。

王廷相、康海、李梦阳等是文坛赫赫有名的新秀，有“前七子”之称。康海是陕西人，27岁中状元（公元1502年），文学造诣很高。李梦阳生在甘肃，21岁中进士（公元1494年）。当时是明武宗时期，刘瑾的威望与日俱增。起初，翰林院的康海遇到了很关心老乡的大太监刘瑾，作为新入仕途的年轻人不可能对宦官有好印象，因此一直对刘瑾保持距离。显然他不知道许多嘴上对宦官保持距离的士大夫都未在事实上保持距离，当然如果他能一直保持下去也不是坏事，可惜坏就坏在没坚持。

1507年，为尚书韩文起草疏稿的李梦阳因为同僚出卖（会语泄）而先被贬后被抓，甚至有被杀头的危险。这时候李梦阳在狱中给自己的文学小伙伴康海递了“对山救我”一纸，“对山”是康海的别号。康海前去找刘瑾。刘瑾在知悉才子老乡登门后，连鞋子都没穿就跑出来见面，并将其奉为上宾。显然李梦阳的事就不是事了，有刘公公的招呼，第二天就出狱了。从这里我们可以看到，大太监刘瑾并没有那么脸谱化的狠毒恶，历史的面向需要深入理解。

等到刘瑾被族诛时，康海被列为同党，免职回乡；李梦阳却成了“抗阉”典型，官复原职，并很快得到了提拔。居乡的康海感慨“以文为身累”，一腔才华终究留在了梨园。两百多年后，李光地和陈梦雷也是如此。

也有比较幸运的。陆容（30岁中进士，公元1466年）在工部实习期间，父亲的好友对他说：“和别人坐一起讨论时千万别谈人长短，就是讨论诗文也要谨慎。”在兵部职方主事任职期满考核时，陆容任河南道御史的同年，因为关系不睦，在其考察评语上给了负面评价。这样的评语很影响考核结果，幸运的是，吏部后来在征询兵部多人看法的基础上给予重新评价，陆容也得以一年几迁。至于为何征求，显然不是平白无故，这时候的陆容对叔叔的话深信不疑，而且感慨人生自有命。

吏部的作用有多大

永乐初年，内阁儒臣任满考核后，升任的话就不一定继续留在内阁。想象一下，作为皇帝的秘书群体（这时候都是五品文臣），皇帝某天找他们开会，发现少了一个人是什么感觉？一问才知道吏部给调走了。看着荒唐，却并非不可能。所以在永乐五年十一月，朱棣专门对吏部尚书蹇义讲“胡广等侍朕日久，继今考满，勿改外任”。有了圣谕，自然就不存在吏部给外调的可能了，侧面也说明吏部的权限是多大。

关于吏部权限。赵翼在读完《明史》后即感慨“巡抚等官皆吏部所用，公正则选用得人，否则可以高下在心，予夺任意”“有明一代用人之权悉由吏部，吏部得人则所用皆正人”。

对于新科进士，与吏部打交道非常关键。1536年秋，吏部给新科进士安排职位。孙植和张瀚是一榜，名次靠前一名。在操作上，吏部误以为张瀚名次靠前，选了张，没选孙。孙当时在家听受官职，知道后很诧异，两个小伙伴相约去吏部问询。当时吏部文选司屠姓郎中对他们说“是书吏誊写的时候搞错了，孙留选，张暂还”。对于吏部而言，这已经很客气了，对于张瀚而言，这就是失去机会。张瀚直接说：“我是按照吏部公文来的，说回就回去，得有个说法。”郎中叹了口气，说道：“两位都是贤者，姑且定一块安排吧。”后来张被选为南京工部都水司主事。这一次孙争取到自己应得的，张也没有稀里糊涂回去，还讨回公道。

张瀚在担任陕西左布政使期间，得罪了巡察御史。御史随即对其弹劾。在明代，得罪言官后果是很严重的。朝议虽然觉得张瀚没什么问题，但计划把张瀚调开以对言路有交代。这是常见解决措施，只是这一调动，给外界的信号就是张瀚有错，很可能毁掉一位优秀的方面官。调动需要吏部走程序，当时陆光祖（26岁中进士，公元1547年）为文选司郎中，直接顶住不调，对相关人员说道："张之生平操履，余可剖心白之，岂得以浮议蔽贤，辄议调也！且铨部省各一人，凡以稽乡评贤否，古月旦遗意。今某心知其枉，直言不用，如国家设官之意何？调张某，宁罢某官！"陆光祖不仅表态，而且有行动，直接以生病为名回家。对言路要交代，对吏部更要交代，这事自然也就不了了之。张瀚晚年都在感慨"可谓生平知己者矣"。

在后来的仕途中，张瀚受益良多。张瀚担任大理寺卿时，有一天，吏部尚书胡松对他说："计划考虑你任刑部右侍郎。"对于三法司而言，刑部依然是主流，如果能成为部院堂官，等于仕途直接打开，显然这是好消息，他依然谦逊地答道："听说某某已有定议。"胡松对他说："文学才气、政事熟练、资历人望，谁能和你比？"随后，直接将张瀚列入推举名单。

新科进士进入仕途，和吏部打交道的能力基本可以看出其处理复杂事物的能力。

当然，对吏部官员态度还是要好一点。何良俊在南京翰林院时，坚持不给吏部郎官让路，直接说："岂有朝廷司笔札文翰之臣，乃下马入委巷小人之家，避一郎署耶？要参便参，要考察则考察去耳，不能委琐以苟全也。某不足惜，所惜者朝廷之体。"

后来他自己觉得比较成功，因为吏部对他无可奈何。事实上，吏部随意一点，他就没机会了。

明朝进士虽然起点很高，但其升级通关之路，中间的变量依然很多，每一个变量足够改变其一生，最终有的将书生气升华成一代大家，有的隐去锋芒圆滑于官场，有的惨遭摧折一蹶不振。对于明朝进士来说，科举考试之后，更为残酷的竞赛才刚刚开始。

（文/晋右史）

衣食住行，升级通关：
一个明代甘肃考生的进士之路

连日的阴雨过后，水流湍急的漓水河刚刚送走了炎炎夏日。傍晚河边的蛙声和蝉鸣此起彼伏，年迈的明朝前兵部尚书王竑看着跨河而立的大夏桥，不禁想起了正统四年（公元1439年），26岁的自己高中进士，驷马高车荣归故里，河州家乡父老远道相迎的热闹场景。于王竑而言，这座比他还苍老的桥梁，不仅仅助他渡过漓水，走向外面的世界，亦见证了他离开家乡，远赴西安、京城改变自己命运的历程。

希望"知识改变命运"的边远家庭

王竑祖籍湖广江夏，先祖自元朝始为官军户，也就是说，他们家的成年男子世世代代都必须从军，未经朝廷批准，永远都不得脱离军籍。王竑的这位祖上并非普通士卒，曾统领湖广水军，是货真价实的朝廷命官。至祖父王贵时，见蒙元政权大厦将倾，遂率领部众投奔了刚刚揭竿而起的朱元璋，一起渡过长江，攻下了南京，成为大明王朝开创者的嫡系。明朝立国之后，大肆封赏有功之士，即便是普通的士兵靠混日子也能混成百户之类下级军

官。对王贵这样的嫡系人员更是恩遇有加，王贵一家本应飞黄腾达，却因一次很大的过失遭到“断崖式降级”，不仅从水师高级将领被贬为地位最低的边地谪充军户，而且还被发配到了当时被视为边陲极地的河州卫。

河州即现在的甘肃临夏，明朝时就是少数民族聚居区，洪武三年（公元1370年）设置河州卫进行统辖，隶属陕西布政司。据说，王贵一家被发配到河州是出于明政权的国家大政考虑，乃是为了加强对河州的控制，政府有意识地发配了王贵这样具有较高文化水平的军户，让这些“文武双全”的南方人扎根于此，推广中原文化，并且让当地官员给予一定优待。不管是不是被赋予了维护国家政权的崇高使命，王贵一家都不得不告别江夏父老，可能再也看不到这“滚滚长江东逝水”，和其他被贬的军户一起，拖家带口落户河州。这些来自南方地区的军户子弟，闲暇之余时常聚在一起谈论故乡旧事，聊以排解远离故土和发配边地的抑郁心情，逐渐形成了一个特殊的群体。为了不使后代永远被困厄在西北边陲，他们寄希望于“知识改变命运”，建立私塾传授学问，让后代通过科举之路离开谪戍之地。王贵的儿子王佐虽有“奕世业儒、博学能诗”之名，但却无意于仕途，被归类于“隐逸”行列。走出河州边地、改变家族命运的重任就落到了孙子王竑的肩上。

永乐十一年（公元1413年）出生的王竑睁开眼不久，便看到了围绕着自己的一双双希冀的眼神。他自然是不知晓，自己和很多来自南方的军户子弟一样，自出生后就已经被所有家人托付了“逆天改命”的使命。长到4岁的时候，王竑开始接受启蒙教育，他最先接触的是《三字经》《百家姓》《千字文》之类的识字教育类蒙学，接着学习训练诗歌写作的《训蒙诗》、了解常识的《性理字训》、讲授历史的《十七史蒙求》等，然后就要开始系统学习“四书五经”，这是宋代以来就已逐渐成形的启蒙教育流程。虽然王竑所处的时代《龙文鞭影》《幼学琼林》之类的科举教育启蒙书籍还没有出现，但是本着科考教育要从娃娃抓起的精神，王竑在启蒙阶段已经开始熟悉科举相关知识。

父亲王佐在传授科举知识的同时，还有意识地为儿子打造了一个科举偶像，那就是自己的好友，洪武三十一年（公元1398年）被贬河州卫礼房吏员的明朝三大才子之一的解缙。解大才子在幼时就有“神童”的称号，7岁就能著文，12岁就已经将“四书五经”的义理了然于胸，19岁中进士，官至翰林学士，这位后来《永乐大典》的主编是在建文帝初即位时被贬河州的。解缙的聪颖绝伦让年幼的王竑赞叹不已，父亲与之结交也令他心生羡慕，希望自己有朝一日金榜题名，与解缙一样成为内阁首辅，参与国家大事。

取得参加正式科举考试的预备资格

王竑最初的启蒙教育来自博学的父亲，随后有了第一位老师，祖籍苏州的周潘。周潘潜心研究经史，在医学方面造诣颇深，是同属河州谪戍军户的“圈内人”。在打下了坚实的明朝南方教育体系的基础后，王竑结束了“升级”的第一个阶段，便要准备“太阳当空照、花儿对我笑”的学校教育，并且迎来了他科举人生中的第一次考试——童生试（又称童试），来获取地方政府府、州、县学的生员资格。童生试分为县试、府试、院试三个阶段，分别由知县、知府和提学官主持，考试内容多出自“四书五经”。王竑的这三场考试都在河州，也就意味着他考完试当天便可回家吃饭。

在北方冰雪尚未开化的二月，王竑邀请了几位担保人一起前往县府报名，担保人中必须有一名秀才，还得付上一些担保费。考试报名表上需要填写姓名、年龄、籍贯、三代履历等内容，在籍贯一栏，他并没有如同其他人一样写上河州卫军籍，而是写的家乡湖广江夏。到了考试当天，王竑首先要在考场外验明正身。明朝当然不会有贴有照片的准考证、身份证之类的证件，他的身份证明便是秀才担保人。当衙役念到“王竑”，秀才便要走上前去说：“这尕娃子是我担保的！”然后衙役才会放他入场。从理论上来说，如果担保人作假，就会存在考生冒名顶替的情况，但实际操作起来却很难。且不说考场外的旁人基本上都认识王竑本人，担保人秀才也是本县的知名人士，一旦被发现被担保人使了“调包计”，不仅王竑的科举之梦会泡汤，就连担保人秀才也会跟着一起遭殃。

对于有着家学渊源、自幼熟读“四书五经”的王竑来说，童生试自然是手到擒来。他顺利通过了县试的五场考试，拿到了府试的“准考证”。府试的时间是四月，考试流程与县试差不多。经过三场考试，王竑获得了他的首个称号“童生”，然后就可以参加童生试最后一阶段的院试，由提学官主持。他的童生试是否能顺利通过，最终决定权就掌握在提学官手里。院试通过后，王竑拥有了他的第一个功名称谓“生员”，也就是世人熟知的“秀才”。获得“生员”称谓后，王竑才有了参加正式科举考试的预备资格，还可以得到其他几样“物品”：“免费粮票”（政府按月发放粮食）、“免跪符”（见知县免跪）、“免义务劳动符”（免除差徭）、“免揍符”（不可随意用刑）等。如果他是院试的第一名，还会有一个附加称谓“案首”。

明朝政府给予各省的生员名额有限，所以童生试也是有一定门槛的，在很多教育条件比较好的南方地区，竞争往往会特别激烈，千军万马闯独木桥的场景比比皆是。不少读书人要经过几轮考试才能获得“童生”称谓。当然，止步于“童生”的也大有人在，在院试考场中常常能见到黄发垂髫同场竞技的场面。王竑这样的接受南方优质教育的资优生，在地处边陲较为落后的河州很容易脱颖而出，自然应该是一轮通过童生试。在一些教育条件较差的地方，正常考试录取的生员达不到名额数目，当地官员会悄悄“放水”，只要考生知道一些“四书五经”内容，拿到试卷能够破题，就直接给上个生员。所以，即便是同样顶着秀才的头衔，其真实学问水平还可以分出三六九等，“挂羊头卖狗肉”的生员也有不少，但是一旦进入学堂或是参加乡试，要与其他学子一较高下，马脚就藏不住了。在明初，北方教育水平普遍低于南方。王竑接受的是南方教育模式，参加的却是北方的科举考试，也算是占了一些便宜。

完成童生试的任务后，王竑进入明朝的官方教育机构河州州学学习。明朝规定，进入府、州、县学的生员，按照考试成绩又分为三个等级：一等为廪膳生员，简称“廪生”，有名额限定，由政府提供津贴和生活日用品，但是每年都要进行考核，通过者才能保有下一年的廪膳生员资格。以王竑的水平，获得廪膳生员资格自然不在话下。成了廪膳生员，王竑就可以自己赚钱了。当其他学子参加童生试的时候，他可以做担保，在考场外吆喝一声“我是某某的担保人”，顺便收取担保费。二等为增广生员，简称“增生”，同样有名额限定，但政府不提供粮食。三等为附学生员，简称“附生”，为前二等之外再增加的名额，位居诸生之末。

明朝的学校教育除了王竑进入的府、州、县学之外，还有另外一套教育系统，就是隋代以来作为中央官学的最高学府国子监，一般设立于京师。明朝时期设有两个国子监，即南京的“南监”或“南雍”、北京的“北监”或“北雍”。国子监的学生称监生，可以直接参加乡试、会试等级别考试，生源比较广泛：有从各府、州、县学的生员中选拔出来的优等生，称贡监生，也叫贡生，就是将人才贡献给皇帝的意思；还有一大群体是特招生，以“拼爹”居多，或是因为父辈当官，或是父辈殉于国难，或是捐纳钱粟，还有被皇帝瞧上眼特批送进国子监的，等等。

从河州到西安，从生员到举人

或许是因为出身于谪贬军户家庭，又加上河州是一个天高皇帝远的地方，难以上达天听，王竑只能一级一级地往上升。在州学学习了一段时间，他就要准备正式的科举考试了。在这之前，他还必须经过一个科考选拔赛，才能拿到后面的科举考试的“准考证”。选拔考试由陕西布政司的提学官亲自主持，只有考试成绩获得了一、二、三等的五个人有参加乡试的资格。王竑拿到“准考证”后，解锁了新的科举生涯“地图”，进入了明朝科举的主线任务三级考试。

所谓的三级考试，指的是明代的科举考试分为乡试、会试和殿试三级考试制度，通过科举选拔赛的王竑拿到手的便是第一级的乡试“准考证”。明朝的乡试三年一开科，时间定在子、午、卯、酉年的八月，所以又有“秋闱”“秋试”之称。当然，也存在一些例外情况。如立国之初，因各部门官员紧缺，急需科举选拔人才充实，在洪武四至六年全国连开三科。此外，也有部分地区因为战争等原因缓考或停考，但在之后的乡试中会补充相应的名额。考试地点位于各省省会，故又有“省试”之名，王竑要参加乡试就必须前往陕西布政司衙门所在地西安府。

正统三年（公元1438年）是戊午年，明朝乡试开科。25岁的王竑拜别父母，离开河州前往西安府参加乡试。虽然这是他第一次离家赶考，但两地之间畅通的驿路让家里人放心不少。在西汉初年，河州还被称为枹罕的时候，就已经是丝绸之路南道的必经之地。到了唐代，从长安前往吐蕃的唐蕃古道开通，河州作为交通枢纽的地位就更加凸显了。再到元、明两朝，国内驿道极为发达，河州境内也建立了很多驿站。河州境内的古道主要有三条，一为枹罕—西平道，向西通往现在青海的西宁、循化；二为枹罕—枝阳道，向北抵达现在的甘肃永登苦水；三为狄道—枹罕—令居道，从现在的天水经临夏道抵达永登西北，也就是丝绸之路南道，要从河州前往西安府最方便的就是这条大道，沿途颇为繁华，行人往来不绝，无论是吃饭还是投宿都很方便。此外，这条驿道上官、兵、商人往来众多，沿途还有很多驿站，很少会出现拦路抢劫的强盗，因此王竑在途中比较安全。

王竑从河州出发后，一路向东南行，过了凤林驿、和政驿和定羌驿，抵达途中的第一个大城市临洮府（今临洮县）。稍作休息之后，他便继续往东南方向行进，过了中国历史上第一个行政区域巩昌府（今陇西县），然后沿着渭水河向东南经宁远（今武山县），再转向东经过伏羌（今甘谷县）抵达秦州（今天水县）。从这里开始，王竑转向东北，沿着渭河的支流清水河经清水抵达另一条支流汧水流域的陇州（今陇县），然后向东南方向前往雍水流域的凤翔府（今宝鸡市凤翔区）。从凤翔府再往东，经过岐山、扶风、武功、兴平、咸阳，最终抵达了目的地西安府。赶考路途虽然颇为遥远，但王竑并不是一人前行，而是与河州其他的赶考学子结伴。

从河州到西安府，王竑一路是跋山涉水、翻山越岭，却无心看风景，好不容易来到了举世闻名的古都西安。他在客栈休息几日，缓解了旅途的舟车劳顿之后，便前往陕西贡院，顺便领略一下古都风情。作为国家规定的科举考试，乡试采取严格的贡院考试制度。在考试之前，王竑先要到考场登录考生信息，并且还需要一张“证件照”。这个“证件照”当然不是拍照，也不可能有画师一个一个挨着画像，且不说画得像不像本人，参加会试的考生众多，如此岂不是要把画师活活累死。所以，工作人员是拿出一本面貌册，在上面用文字记录考生面部特征。到了八月初九考试当天，王竑和其他河州考生在儒学训导的带领下来到陕西贡院门口，负责检查的官员凭着面貌册的记录与真人核对，这就生出来不少事端。

关于面貌册有个著名段子：一个名叫胡希吕的视学官在江苏巡视乡试的时候，非常认真严谨地核对面貌册，生怕有人冒名顶替。一个考生在面貌册上填写微须。胡希吕认为“微”就是“无”的意思，理由是“微斯人，吾谁与归？”——“没有这种人,我同谁一道呢?”考生对答道：“那《论语》里面‘孔子微服而过宋’，岂不是说孔子脱了衣服光着身子在宋国溜达？这到底符合什么礼制？”胡希吕顿时哑口无言。

话不多说，言归正传。王竑经衙役确认身份后，便要进门接受第二道更为严格的检查。负责检查的工作人员均是军人出身，根本顾不得考生全是功名在身，或是家世显赫，从头到脚仔仔细细地摸索了个遍，一个个打扮得风流倜傥、温文尔雅的文艺青年，帽子、衣服、鞋子被扒得干干净净，光溜溜地只剩下一条大裤衩，披头散发、衣衫不整，活脱脱一副落魄才子模样。

王竑一边苦笑地看看自己的穷酸样，一边草草整理仪容，然后拿着考场考舍序号，匆忙寻找自己的考舍，参加第一场考试。乡试总共三场，分别在初九、初十二和初十五。三场考试内容各有不同，但均是以“四书五经”来命题，采用八股文的文体考试形式，即经义、论、策和诏、诰、章、表等形式。考场内设立专门的考官负责考场事务，有主考官二人、同考官四人、提调官一人，均由陕西布政司官员担任。考试正式开始后，陕西贡院的大门就被紧锁住了，直到考试结束才能打开。这也就是说，王竑与其他考生，以及考官在考试期间的吃、喝、拉、撒、睡，都得在贡院里面解决，所以他必须提前准备好考试期间所用的所有物品。在考试期间，王竑偶尔能看到主考官和同考官前来巡视，在考场外活动的其他官员是见不到的，因为考官也只能在指定的区域活动。经过连日冥思苦写，王竑顺利完成试题，等待放榜之日。明朝的科举采用五经取士的方法，也就是说第一天的考试，每个考生要答3道四书义题目，这是公共题，此外还有五经义20道，考生选自己所学经的4道回答，明代学《诗经》的考生最多，学《春秋》《礼记》的最少。之后《易》《诗》《书》《礼》《春秋》各取一名为首，称为“经魁”。王竑为《礼》的首名，也就是“礼魁”，他的称谓从“生员”升级为“举人”。

进京赶考

取得举人的身份后，王竑便获得了参加科举第二级考试会试的“准考证”。明朝会试同样是三年一科，时间定在辰、戌、丑、未年的二月，考试分三场，形式、内容等也与乡试一样，以“四书五经”为基本内容，而考试地点则从西安府挪到了遥远的京城内的北京贡院。乡试的后一年是己未年，正好会试开科，王竑觉得趁着乡试的热乎劲儿，说不定能一鼓作气拿下会试，再加上手中钱财充足，便决定不返回河州，从西安府直接前往京城参加会试。做了决定之后，他立马修书一封寄往河州，告知父母已经中举，现在准备前往京城参加会试，希望他们在家中不必挂念，静待他从京城传来好消息。

乡试结束后，王竑收拾好行装，马不停蹄地赶往京城。他从西安府出发后，沿着渭河向东过潼关进入河南布政司，平生第一次出了陕西，然后沿着黄河南的驿道经古都洛阳抵达开封，再一路向北渡过黄河，过淇门（今浚县），经邯郸、涿州，抵达大明王朝的京城。从河州到京城，需要翻越千山万水，可不是一般人能忍受的，也只有同王竑一样的科举士子才会忍受思乡之苦，不辞辛劳、千里驱驰。当然，对于家中还有点积蓄的王竑来说，整个路程主要通过交通工具进行，陆路乘马车，渡河则乘船，时不时还可以走上一段活动一下筋骨，与一同赶考的士子聊聊考试心得，或是吟诗作文，或是同看途中好风光，或是休息的时候一起品尝各地美食。而对于很多家境贫寒的考生来说，赶考的路途可就没这么舒坦了，他们的大部分路程需要靠双腿行走，时不时还要忍受风餐露宿，万一途中找不到投宿的地方，就只能幕天席地，看月亮星星了。至于什么穷酸书生途中遇到仰慕才气的富家小姐以身相许，然后赴京赶考高中状元的才子佳人桥段，对于绝大多数人而言是可遇不可求，也只能是做个白日梦穷乐呵一下。

会试是明政府中央级别的考试，王竑因为来自河州，所以他的考试地点是北京贡院。明仁宗洪熙元年（公元1425年），设立了分地区取进士的南北卷制度。陕西、山西、河南、山东四省，辽东、大宁、万全三个都司，以及北直隶一些地区属于北卷范围。与王竑同场竞技的不仅有来自全国各地、操着不同方言的考生，还有不少在国子监学习的邻邦朝鲜、日本、琉球、暹罗等国的士子。会试同样采用严格的贡院制度，同乡试的流程一样。以殿试为奋斗目标的王竑，极为谨慎小心地应对着检查，并且顺利过关。会试的考场内也极为严格，专门负责考务的官员除主考官二人、同考官八人、提调官一人外，还有其他的场官多人，各司其职。按照规定，王竑在试卷首部写上了爷爷、父亲和自己祖孙三代的姓名、籍贯、年龄以及研习的经典，并且加盖了所司印记。整个考试过程波澜不惊，他顺利拿下了“会魁”，称谓也升级为“贡士”，也有了参加科举第三级考试，也就是最后的总决赛殿试。

开启彪悍的人生

会试结束一个月后，王竑便要参加激动人心的殿试了。殿试是最高级别的科举考试，也称为“御试”“廷试”“廷对”。三月朔日一早，由朝廷派出的马车将他从住所接至紫禁城内。殿试一天结束，只有一场，由明英宗朱祁镇亲自出题策问，王竑答完题后，试卷由翰林院中的翰林学士、朝廷大臣及文学侍从之臣组成的读卷官共同阅读，给出成绩后预先拟定好名次，然后进呈皇帝。明英宗钦定一甲前三名，即状元、榜眼和探花，并授予进士及第。王竑位居二甲三十名，授予进士出身，称谓定格于“进士”。三甲人数最多，授予同进士出身。殿试结束后，王竑和其他二甲、三甲进士还可以考选庶吉士，成为翰林官员。对于王竑而言，这可能是他考试中少有的失败，只担任了户科给事中。但这点失败算不得什么，因为它已经不是科举考试了。

成为进士的王竑，终于通过科举改变了自己的命运，开启了一段极其刚猛豪勇的人生。

正统十四年（公元1449年），土木堡之变，明英宗被俘，郕王朱祁钰在午门摄政，群臣弹劾宦官王振误国之罪，王振党羽锦衣卫指挥马顺厉声呵斥群臣，王竑上前一把揪住马顺头发：“若曹奸党，罪当诛，今尚敢尔!”边骂边撕咬马顺脸面，愤怒的大臣一拥而上，当场将马顺打死。这个血腥场面吓得朱祁钰起身入内，王竑紧跟其后，要求处理王振党羽宦官毛贵和王长随，两宦官被朱祁钰派人拉出来，立即被活活打死。这一暴力事件，立即让王竑名震天下。

在除去奸邪之后，王竑受命守御京城,擢升右佥都御史，统领毛福寿、高礼的军队。在北京保卫战的彰义门之战中，形势一度危急，瓦剌军攀城而上，北京居民纷纷跑上城墙投掷砖石，关键时刻，正是王竑率领援兵赶到，击退了瓦剌军。也先率兵退走后，王竑又负责镇守居庸关。

此后，王竑任总督漕运，成为历史上第一位漕运总督，他还兼着淮安、扬州、庐州三府和徐州、和州二州巡抚,并兼理两淮盐税，可谓位高权重。在大灾之年，王竑还是一贯的强硬作风，威逼不愿开仓放粮的管库宦官：“一旦饥民有变，我就先杀你，然后自请死罪。”面对这名手上沾血的文官，宦官只得乖乖服软。这次赈灾，保全了180万人的性命，百姓中流传着“生我者父母，活我者巡抚”的民谣，王竑去世后，还有人立祠祭之。

成化初年，王竑在兵部尚书的位置上致仕，从此他回到家乡河州，归隐山林，深居简出20年，弘治元年（公元1488年）十二月去世，终年75岁。

（文/晋右史）

清朝高考作文题出炉：字都认识，连在一起啥意思？

一年一度每逢高考落幕后，高考作文题都会引起刷屏——诸如“论生逢其时”“人工智能大背景下呼吁人们热爱劳动”“五四运动一百周年感言”“你们再看看书，我再看看你们”等等，恐怕会是许多人一生最重要的一篇文章。

不过要说难，晚清“考生”估计会微微一笑，绝不认输。因为这些题在科举考试面前，绝对是“小巫见大巫”了。

铁打的时务，流水的考生

自鸦片战争起，中英关系问题在整个清末就变得极度敏感，当英军在中印边境有所行动时，清政府便紧紧盯着西藏。1892年，25岁的蔡元培被点为翰林院庶吉士，他遇到的殿试题目就是《西藏的地理位置》，这位后来的北大校长洋洋洒洒写了一大篇，最后在全国统考排名第三十七。

还有个轶事，出处不可考，拿出来纯粹是因为好玩。

戊戌变法后，湖广总督张之洞考策论时，任性地出了一道题目——《项羽拿破轮论》。当时的考生，留过洋的不了解项羽，蓄着辫子的哪知道拿破仑，所以答案可以说是洋相百出。

“想那西楚霸王项羽，其为人也，力能举鼎，气盖山河，乃拿一破轮，尚何足道也哉！”

“项王战垓，敌迫之紧，后围不得出，戟折矢断，遂手拿破轮，连击杀追敌数十人，突围至乌江。”

除了以上的历史发明家，还有能从这子虚乌有的故事里强行拔高中心思想的，看看像不像我们小时候写的作文——“夫项羽力能拔山，岂一破轮而不能拿夫？”接着便论证说：“夫车轮已破，其量必轻，一凡夫即能拿之，安用项羽？以项羽而拿破轮是大材小用，英雄无用武之地，其力难施，其效不著，岂非知人善用之举哉……”

更有甚者写道：“项羽者，盖世之雄也，安可拿破轮！”

考考价值观？

韩愈提倡文以载道，在诸多读书人心中这也是一个崇高的使命。科举考试当然不能少了对价值观的考察。

考生对四书五经可以说熟稔于心。多数情况下，他们一看见考题，大概会猜到考官想问什么，但下面这个题目可不是这么回事，乍一看还真不知道在问什么，还以为考数学呢，这个题目就是——“二”。

单说《论语》，这“二”就出现了不下十次，但这题问的是什么？原来出处在下面这段话。

哀公问于有若曰："年饥，用不足，如之何？"有若对曰："盍彻乎？"

曰："二，吾犹不足，如之何其彻也？"

对曰："百姓足，君孰与不足？百姓不足，君孰与足？"

题目的意思是，鲁哀公问国家财政不足怎么办，有若回答说可以减税到十分之一，哀公问十分之二的税尚且不够用，怎么还减税？有若回答说，百姓富有君主怎么会不富？百姓贫穷君主如何富？

这题体现了民本思想，是一道讨论治国理政的题目。论语全篇，就这一个"二"是独立断句。怎么样，服不服？能答上这题的绝对是牛人。

这样的牛人还真有，名叫顾虬，也叫许虬，字竹隐，顺治十五年的进士。此人可谓八股高手，对着这个奇葩题目写下雄文一篇，来品一品：

"惟二可免于告匮，故昔人变法而不辞；惟二仅免于丰年，故今日踌躇而有待。"

"以为二之取下未奢，为君父者，岂不轸民情；以为二之取下过多，为臣子者，又当相国势。"

这第一句的意思是说，只有收税二成，才免于无钱可用，所以古人不惜变法；免税不收二成，只能在丰年实施，所以现在还存有疑虑。第二句讲的是虽然君主认为收税二成不过分，但也不会不体察民情；而作为臣子，认为收税二成过多，也是多为国势考虑。

虽说是驳论文，但也正确理解了题意，可谓扣题严谨，格律工整。后来这篇文章还被其好友、大才子金圣叹收录在自己的点评集《小题才子书》中，称其“语语入情”“可谓妙舌”。

再说个奇葩的。曾经科举落第的洪秀全，在建立太平天国后依然重视科举，年年都要举办科考。

了解这段历史的可能知道，太平天国有个爱好就是封王，前后封王有数千人之多。不过有几位地位最为显要，比如天王洪秀全、东王杨秀清等。太平天国会在这几位大王的生日举办“天试”“东试”“北试”“翼试”，可谓推陈出新。

太平天国搞科举，不光形式上不同，内容上也和清廷大相径庭。太平天国是以宗教“拜上帝教”起家壮大的，其科举试题也没有脱离这个传统，比如“上帝权能灭诸妖”“一统山河乐太平”等。

这样的题目对于饱读诗书的文人来说是不可理喻的。所以，来参加天国科考的人普遍学问不高，据说只要填满试卷就能中举，菜农都可以通过考试一登天子堂。

不过，太平天国也有进步之处，他们主张男女平等。

太平天国在建都天京后，举行女试。天京女子傅善祥中式第一名，派往东王府任东殿女簿书，替东王杨秀清批判军国大事。时人传有“棘闱先设女科场，女状元称傅善祥”的诗句咏其事。

我是谁？这是啥？

如果你认为上边这些题目，你也不在话下，那后边这几道题，就算你熟读四书五经，看到题目估计也会一脸茫然。

咸丰六年（公元1856年），著名学者俞樾出的题目一改常规——“君夫人阳货欲”。

给你十秒钟，想一想这题目是啥意思。

想好了吗？

科举发展多年，无外乎四书五经，早都被天下读书人翻得滚瓜烂熟，倒背如流。怎么考能考出新意呢？考官们搜肠刮肚，想出“拼接”“拆分”两大绝技。这“君夫人阳货欲”就是此类杰作。

“君夫人”出自《论语·季氏第十六》，“阳货欲”出自《论语·阳货第十七》，两篇文章做了个混搭，难倒了大批学子，可谓怨声载道。一年后俞樾受到了御史曹泽举报，咸丰皇帝大怒，俞樾再也无法出题。

其实这个坏习惯的开创者，是清嘉庆时的河南学政鲍桂星。为了刁难考生他想出了“躯虎”“及其广大草”“见牛”“礼云玉”“十尺汤”“七十里子”等题目，真真是不知所云。

后来，有人针锋相对地写诗讽刺他，如“一目如何能四顾，本来孟子说难通”“没头没脚信难题，七十替封一望迷”。说这题目七拼八凑，没头没尾，文理不通，可以说是非常中肯了。

另外还有一例。陈独秀在他未完成的自传《实庵自传》中提到，他在考试时遇到了“鱼鳖不可胜食也材木”，题目出自《孟子·梁惠王上》，“数罟不入洿池，鱼鳖不可胜食也；斧斤以时入山林，材木不可胜用也”，可陈独秀在考场上忘记了出处。他只好凭着记忆中的《文选》和《康熙字典》中的相关段落拼凑出了文章，没想到竟得了第一，真可以说是“天秀”了。

（文/庚沅）

八股文：终结经义与文学之争

最终解决科举应该考什么这个问题的，是八股文。

四书偷走五经的蛋糕

“经义之文，流俗谓之八股”，八股只是民间的叫法，考八股，其实还是考经义。

但“经”是什么，其实已经被悄悄置换掉了。元代科举停了好多年，但一恢复，就解决了一个大问题：

《大学》《论语》《孟子》《中庸》内出题，并用朱氏章句集注，复以己意结之。

这个规矩一定，就差不多一直延续到科举寿终正寝，中间虽也有过几次折腾，但很快发现都没有比这更好的法子。

对儒家经典的解读那么多，为什么单单挑中朱熹？这个问题当然很复杂，但有一种说法是，朱熹的思想特别迂腐、特别僵化，所以特别适合封建君主拿来做愚民教育，禁锢思想，维护专制统治，这肯定是不对的。朱熹这个人，学问做得当然很好，诗文也算高手，所以钱锺书称他是“道学家中间的大诗人”。至于思想，只要你别断章取义、死抓住“存天理，灭人欲”这些话不放，会发现至少和同时代乃至近代以前的大多数学者比起来，他还算通达的。

而且，他有不少观点，简直可以算是反专制的。《朱子语类》里有大把例子，就拿《四书集注》来说，孟子谈武王伐纣，说“残贼之人谓之一夫。闻诛一夫纣矣，未闻弑君也”，他就在旁边作注说：

> 贼，害也。残，伤也。害仁者，凶暴淫虐，灭绝天理，故谓之贼。害义者，颠倒错乱，伤败彝伦，故谓之残。一夫，言众叛亲离，不复以为君也。书曰：“独夫纣。”盖四海归之，则为天子；天下叛之，则为独夫。所以深警齐王，垂戒后世也。

一副造反有理的调调。所以当时的皇帝不喜欢他，后来的其实也还是不喜欢。早有许多学者指出过，清朝皇帝对朱熹表面尊崇，但哪个读书人真拿朱子做榜样，却是有掉脑袋的风险的。

那为什么还要拿他的书出题呢？一个简单得有点不成话的理由，也许其实倒很重要：内容浅易，篇幅合适。

现在大家都习惯说“四书五经”，其实四书和五经是两回事。五经的来头要古老得多，汉代就确立了经典地位。但如果你穿越到汉朝去，跟那时候的儒生说四书如何如何，人家根本就不知道你在说啥。

《论语》《大学》《中庸》《孟子》，宋朝人给予了格外的重视，分别挂在了孔子、曾参、子思、孟轲的名下，于是构建出了一条单线的儒学传承线索。朱熹把它们合在一起，称为四书。

传统的五经，加起来将近60万字，其中还有大量《商盘》《周诰》佶屈聱牙不知道在说啥的内容，对一般人来说通读一遍都是巨大的工程。可以说，找不到好版本，遇不到好老师，天分再高，学五经也是学不通的。如果以是否精通五经当作官员选拔的依据，结果苦孩子和大家族完全不在一条起跑线上，就会产生由“累世经学”而“累世公卿”的局面。东汉的历史就是活生生的例子，比如袁绍同学他们家为什么能出四世三公呢？一大原因就是家传一部《孟氏易》，谈起易理来，几乎可以打遍卦摊无敌手。

而《论语》和《孟子》是两册小书，《大学》和《中庸》则只是《礼记》中的两篇，四书加起来才5万字多一点，而且比起《易经》《尚书》《周礼》来，肯定不算难读。朱熹的书虽然号称“集注”，但并不是走的炫示博雅的路线，风格也很简明。

考试时拿四书取代五经，其实就是帮你划重点缩小复习范围，除去少数超级学霸，一般考生对这个变化，你说是开心呢还是开心呢？

至于不管是四书的内容本身，还是朱熹的注释都有些危险的思想倾向，其实没那么重要。因为作为敲门砖的考试内容，往往都会遭遇这样的命运：大多数应考者并不打算去实践考试大纲里的主张，反而由于反复的背诵揣摩，只会对这些主张越发麻木。

怎样写好八股文

因为专从四书里出题，所以八股文也叫四书文。但八股这种作文形式，正式出现还要更晚，要到明成化年间。

八股是形式主义的极致，一篇八股只有几百字，但要把它的体例、规则解释清楚，不花个几千字根本无法完成任务。这里只能最简单地说下结构：

一是破题，就是用自己的话解释题目的意思。破题虽然只有两三句话，却至关重要，破得不好，考官直接就不往下看了。

二是承题，接着题目的意思，把你文章的内容简单讲一遍。类似今天的论文摘要。

三是起讲，把全文的意思，稍微详细地讲一遍。

四是入题，准备进入正文的过渡段。

五是分股，这才是文章的主体部分，八股文之所以叫八股文，就是因为这里要分为八大段，一段话叫一股。八股两两相对，形成四组对仗。

六是收结，文章结束。

要写八股文，四书首先要背得烂熟。尤其是科举越考到后来，命题组越害怕考生押题，题目也出得越来越刁钻，往往只是些没头没尾的话，你如果不能迅速还原出这话的语境，基本就直接出局了。

比如题目是《子路不悦》，你要能想到，子路不开心是因为孔子见了卫国那位貌美而名声不佳的南子夫人，这个题牵涉到圣人的绯闻，你要能为他辩诬。如果单是批判子路脾气不好所以不开心，那格局一下子就掉下来。

又或是《五亩之宅树墙下》，那你应该记得这个树是动词，种植的意思，接下来孟夫子会大谈怎么种桑树养蚕，怎么养鸡养猪，从而保证老年人可以穿上绸子衣服，吃上肉。知道这个题目是谈养老保障的，文章才不会跑偏。

更恐怖的是还有一种“截搭题”，比如看见《王速出令反》这个题，你要是以为可以奉旨造反，那就真悲剧了。因为这是“王速出令，反（意思是归还）其旄倪，止其重器”这句话，故意错误断句，硬截出来的题目。

但光有背功远远不够。你还必须要精于玩弄各种高难度的，也许非汉语不能有的表达技艺。

比如猜谜语。拿“破题”来说，既要解释题目又不能直说，这种绕弯子的技术，其实就是设计谜面。比如让你写一篇题目是《子曰》的文章，一般人只怕会傻眼，但高明的作者，就能给你一句“匹夫而为百世师”来解释“子”，“一言而为天下法”来解释“曰”。虽然能把“孔夫子说”这么一个简单的意思表达得这么酷炫，也没啥意义，但这个气势，确实不服不行。

比如对对子。像《声律启蒙》这样的书，“云对雨，雪对风，晚照对晴空”这么按照韵部一路对下来。让小孩背这些，其实就是为了将来作八股文练基本功。今天号称喜欢写旧诗的人还有很多，但要这些人把律诗五个字、七个字的上下句对工稳，就能放倒一大片。八股是四组对仗，两股各几十个字要配成对仗工整平仄和谐的上下联，难度当然要大上好几个数量级。

为了训练小孩子掌握这个技巧，一个常用的办法是先从单词对起，逐步往上添字。如：

海棠，山药。

带叶嫩海棠，连毛老山药。

鬓边斜插一支带叶嫩海棠，腰间悬挂半截连毛老山药。

民间喜欢把这副对子说成是纪晓岚和人互怼而创作出来的，不大可能，因为这种对子难度太低，实在配不上纪大学士的水准。但用到的技法，和正式考试还是同一套路。民间故事里讲怎么对对子是一大宗，和先生教书时不时需要讲几段，调动熊孩子的学习积极性有关。

比如演戏文。写八股文是代圣人立言，写作时你要把纸张想象为舞台，想象着自己正扮演着圣人，站立在舞台中央。你笔下的一字一句，都是圣人没有说过的，但你却要能让读者感受到，圣人当此情景，一定就会这么说。这正是编剧的极高境界。

著名的剧作家汤显祖，也是八股高手。还有传说，有学生八股文作不好，老师就丢给他一部《牡丹亭》看，读完，学生也就开窍了。

总之，写八股文不但是作文而接近标准化试题的最高典范，也是汉语世界各种文字游戏的集大成。当年，苏轼指责经义考试缺少技术门槛，于八股自然是完全不成立了。

总结下来就是：只考四书，解决了传统经义考试的思想争端；专作八股，解决了传统诗赋考试的文风争端；四书和八股相结合，则解决了重经义还是重文学的这个根本争端。宋朝人撕之不已的几个大难题，至此一扫而空，科举考试实现了其生命的大和谐。

真爱粉与一生黑

无须真的经受八股文的训练，只需要看看上面这些写八股的规则，就可以感受到，写好八股文不是容易的事，需要相当高的天分，也需要长时间专注而刻苦的训练。

可以想象，这个训练的过程是很痛苦的。尤其是那些有点聪明又不那么聪明，所以必须付出比别人加倍努力的人，肯定痛苦最深，也许人生从此就被套牢。有人说，因为从小学习写八股文，实在太熟练了，所以哪怕写个便条，自然而然合辙押韵，而且写了上句不接个下句就浑身不舒服，就如同一件衣服上有了油斑，使劲洗也洗不掉。

甚而有人斯德哥尔摩效应发作，反而从此成为八股文的真爱粉。《儒林外史》写了一位呆头呆脑的鲁编修，就坚信写八股文的功力是玄门正宗，练出来了，可以从此写什么都一鞭一条痕，一掴一掌血，舍此而外，统统都是野狐禅。——就如同今天有些只会写学术论文的人，摊开报纸或点开朋友圈，只觉看见的每个句子，都不符合学术规范。

然而，学渣们往往是要对着八股开骂的，尤其自信很有才华的学渣——有的确实有非主流的才华，有的则纯属迷之自信，更是骂得唾沫横飞花团锦簇，这个我们从《聊斋》《儒林外史》《老残游记》之类的小说里可以找到无穷的例证。

另外，早早高中的考场达人，跟学渣之间也未必没有共鸣，毕竟，越是智商过人思维活跃兴趣广泛，越是会对这种复杂无趣的规则拘束感到憋屈。进士已经到手，回想之前被考试压抑的青春，那么多才华精力耗费在这无聊的“举业”之中，当然也不免恶向胆边生，如大剧作家汤显祖，如“后七子”之首的王世贞，都是这一类的典型。

开骂当然很容易，因为大约没有比八股文的缺陷更明显的事了。

第一，它没内容。八股文里承题、起讲、分股，这三部分内容，表达的意思其实是一样的，只是一遍比一遍篇幅大而已。本来，作文只是重复朱熹的意思，从传递信息的角度说，已经就算废话，现在同一个意思的废话还要说三遍。有人为了讽刺八股文对仗整齐声律和谐而其实啥也没说，写了下面的文字：

> 天地乃宇宙之乾坤，吾心实中怀之在抱。久矣夫，千百年来，已非一日矣，溯往事以追维，曷勿考记载而诵诗书之典要？
>
> 元后即帝王之天子，苍生乃百姓之黎元。庶矣哉，亿兆民中，已非一人矣，思入时而用世，曷弗瞻黻座而登廊庙之朝廷？

天地、宇宙、乾坤三个词是一个意思；吾心、中怀、在抱也是一个意思；久矣夫、千百年、非一日，说的还是差不多的意思。下面类推。

这当然是游戏笔墨，但《钦定四书文》《百二十名家选》这些经典八股的选本，和它又有什么本质的区别呢？

有一部书，现在也常被当作“国学经典”，过去却被部分学者视为村儒陋籍，就是《古文观止》。如吕思勉先生给学生上国文课时就常讲，写八股文要从没话可说的地方硬找话说，《古文观止》就是配合八股训练的，所以选了很多说空话发空论的文章，他还特别强调，所谓唐宋八大家，是能写好文章的，但《古文观止》选的，却往往是些言辞漂亮的灌水文。

第二，八股文的这种空洞，和同样有点空的“文化素养”，还完全不是一回事。如前面提到的那位八股文的虔诚信徒鲁编修，是这样教女儿的：

鲁编修因无公子，就把女儿当作儿子养。五六岁上请先生开蒙，就读的是四书、五经。十一二岁就讲书、读文章。先把一部王守溪的稿子读得滚瓜烂熟。教他做“破题”“破承”“起讲”“题比”“中比”成篇。送先生的束，那先生督课，同男子一样。这小姐资性又高、记心又好，到此时王、唐、瞿、薛以及诸大家之文，历科程墨，各省宗师考卷，肚里记得三千余篇。

这里提到“王守溪的稿子”，是指王鏊的《守溪文稿》，是他的八股文自选集，后面的“唐（顺之）、瞿（景淳）、薛（应旂）以及诸大家”，也都是指的八股文大家，今天恐怕已经极少有人知道这些人的名字。

但这姑娘没读过《史记》《汉书》，也不关心李白、杜甫。就是说，她只读《优秀作文选》，而什么文学作品恐怕都没读过。今天随便抓个中学语文学得好点的孩子穿越回去，古代文学知识，只怕都能秒杀之。

而这种知识结构，是能代表很大一批举人、进士的。《儒林外史》还说，范进中了举人，却连苏轼都没听说过，这个细节并非虚构，而确实是明代某侍郎的典故。自己22岁就高中进士的王世贞说，不知道这些科举达人都读过些啥书，反正一跟他们聊天，就感觉陷入了雾霾之中，“令人愦愦气塞”。袁枚《随园诗话》里则嘲笑，这批人“可知道‘三通’‘四史’，是何等文章？汉祖唐宗，是哪朝皇帝？”

第三，当然最直接有力的质疑是，科举是选拔官员的，而写八股的能力，和行政能力有什么关系呢？

顾炎武说，因为准备科举考试，笨的人虚度一生毫无结果，不笨但大器晚成的也消磨掉了大半辈子，聪明又运气好的，时间倒是省出来了，但从此误认为要建立功名，只是需要这种笔头功夫，对实际问题失去了正常的判断力。所以，八股真是“败坏天下之人才”，各种邪恶势力，都可以乘机为所欲为。如果把写八股文的功夫，花在实在点的事情上，该能选拔出多少“聪明俊杰通达治体之士”啊。

到清末，梁启超说得更狠：“故深知中国实情者，莫不谓八股为致弱之根源！”

八股的无用之用

现在回头看，梁启超的话，肯定是言重了。不但中国衰落的锅轮不到由科举来背，甚至于，我觉得都未见得能说八股禁锢了思想，要求考场作文成为新的思想增长点，恐怕本来就是不能承受之重。而既然考的东西没几个人真心喜欢，那么考完了你该想什么自然还是可以想的。

最有力的反例是：几乎所有人都承认，明代后期的思想领域，远比明前期活跃。而八股文，恰恰是明后期才有的东西。所以，它的禁锢力远没有想象的强大。至于你要说为什么中国不曾有同时期欧洲式的思想大爆发，这个问题说起来就复杂了，这罪名，不是一个八股担当得起的。

说擅长写八股文不能体现文化修养，当然是事实。不过既然考试的目的是选拔官员，那么恐怕只能说，能把八股文写好，至少体现了照章办事的能力，文化修养什么的，恐怕和怎么当官更不相干。而且一旦选拔是注重文化、学术方面的造诣，必然会导致贫寒士子更加缺乏竞争力，结果就是科举选拔行政人才的功能没有因此加强，科举作为给社会中下层提供出路的通道，则大大收紧。

真正令人感兴趣的，还是科举为什么不考点实在的东西？

科举出身的明清官员，确实专业化水平很低。所以一些外国学者从马克斯·韦伯开始就大加批判。

怎样做好行政工作，官员身边的师爷，倒是经受过比较系统的训练。可师爷是官员私人聘请的，体制内没他的编制，他也是业余的。

但不应忘记的是，中国古代的官僚，在它的诞生之日，反而一点也不业余。汉代察举，地方官向中央推荐人才，理由可以精通法律（明法），表现突出（尤异），善于处理棘手问题（治剧）……按照这些标准选出来的文法吏，业务素质都是很强的，比明清的官僚只怕强得不是一星半点。

然而，这些能干的官吏们，工作起来是怎么想的呢？西晋的陆机批评说："夫进取之情锐，而安人之誉迟，是故侵百姓以利己者，在位所不惮，损实事以养名者，官长所夙慕也。"

不停折腾，才能很快取得很多政绩，让老百姓享受到实际的好处，好名声却也许要到卸任之后才能获得，所以侵害百姓而让自己获益，是在职官员从不忌讳的行为；实际效果很糟糕但适合传播炒作的事，大家都很乐于去做。酷吏自己，有时会把话说得更直白："丈夫为吏，正坐残贼免，追思其功效，则复进用矣。一坐软弱不胜任免，终身废弃无有赦时，其羞辱甚于贪污坐臧。慎毋然！"

男子汉出来做官，因为凶残暴虐而丢官，不是什么大事。将来上级领导回忆起你在岗位上的业绩效率，还是会重新起用你的。但一旦是因为软弱不胜任被罢免，那就不但丢官，而且丢人，再也没有出头之日，比贪污受贿还要可耻得多。所以，千万别㞞。

碰到这样心态的官，老百姓还是宁可他无能一点好吧？

传统的农业社会，除了治水、抵御边患等少数大事，实在并不需要政府手伸得太长。所以中国的官僚体制演变，出现了一种从专业发展到业余的奇怪进程。最终历史的选择，反而是把这些能力更强的官吏，一点点边缘化了。

读四书、作八股出头的官，意识形态上，主张要爱民，别太欺负老百姓；实践能力上，他多少带点书呆子习气，兴风作浪的能耐也有限。而中国古代政府固然理论上是什么都可以管的大政府，但实践上基本是财政一直紧缩，能不管尽量不管的消极政府，效率太高也没有必要。这样，两者刚好匹配。

只不过，一旦到了王朝鼎革的时期，这个消极性的官僚系统，当然就无力应对了。顾炎武的严厉批评，也正是出现于这样一种背景之下。至于当五千年未有之变局，传统的老大帝国要转型为现代的民族国家，更专业的官僚人才也就成为必需。在梁启超们的呐喊声中，八股文考试，也就不得不“扫进历史的垃圾堆”了。

但无论如何要说明的是，写八股文作为一种检验智力和意志力的标杆，还是相当有说服力的。而这两者达到了某条基准线以上，将来不论转型去干什么，都还是有不低的概率可以干得不错。

查看近代以来率先应对西方文明挑战，成为优秀的现代化人才的人物，有很大比例出自书香之家。有学者统计，清代科举的巍科人物（状元、榜眼、探花、会元等），和当代两院院士的籍贯分布，竟是基本一致。

（文/刘勃）

理想与现实的差距

艰难的平衡：录取名额的划分之道

科举制度肇始于隋，历经唐、宋、元、明几代的发展，传至中国最后一个帝制王朝清代时，不仅集历代科举之大成，更在此基础上加以创新，使科举的整个制度都进入一个相对成熟完善的时期。即便如此，如何在全天下的读书人中分好科举取士这块大蛋糕，仍旧是令统治者颇费踌躇的艰难决策……

从惟材是择到分省取士

隋唐初开科举之时，由于两代最高统治者同属关陇集团，因此隋唐时期科举及第者也以北方士人为多。按现在的行政区划，唐代进士人数最多的10个省份中，只有江苏排名第四，其余前面名次皆为北方省份。只是由于此时南北文教水平悬殊，比之今日的重点小学与普通小学的差距更甚，所以唐代还没出现关于科举取才的地域之争。

到了宋代，形势为之一变，科举及第的比重出现了南北易置的转折。这里有好几个原因。一方面，自从安史之乱以来，河北藩镇割据，社会重武轻文，唐朝的一些士大夫已经视河北之地为夷狄。而唐末五代近百年的战乱使经济发展受到严重影响，更加使得北方士人的读书环境不够安定；反过来，安定的南方则是“仓廪实而知礼节”，读书往往成为风气，学渣变成了学霸。另一方面，自从陆法言于隋仁寿元年（公元601年）编纂《切韵》后，这部韵书就取得官韵的地位，直到明清科举所用的《平水韵》仍旧只是对《切韵》“刊谬补缺”，合并韵部后的简化本。问题在于，《切韵》反映的只是公元6世纪后期的汉语共同语语音，距离现实的语音变化越来越远了，譬如“打”字的反切是“德冷切”，这无论如何也切不出普通话里的“dɑ”来。对于北宋的北方士人来说，现实语音与考试用韵脱节已经成为一个沉重的记忆负担，沈括（杭州人）在《梦溪笔谈》中就说“河朔人谓肉（入声）为揉（平声）”，而平、入的混淆在近体诗律是一种足够直接落榜的严重错误。对于实际语音里已经发生了这样变化的人来说，遇到诗文写作只有一个办法，死记硬背。

到北宋中叶，终于引发了朝中大臣关于科举取才的南北地域之争。山西人司马光主张逐路统一按举人录取名额1：10的比例取中进士；江西人欧阳修针锋相对，主张维持旧制度，“不问东西南北人，而惟材是择”。好在争论双方只做君子之争，这次争论最后以朝廷维持旧制，但又给“齐鲁河朔五路”士人科举录取时的一定优惠告终。结果，在可考的北宋进士9630人中，南方诸路取得一边倒的优势，共达9164人，其中又以两浙东、两浙西、江南东、江南西、福建等东南五路的进士为多。这五路共有进士7038人，占北宋进士总数的73%。

到了元代，蒙古统治者兴之北方，以武功取得天下，对于儒学并不十分看重。故而有元一代，科举时兴时废，即便开科举时，录取人数也极少，又比前代多牵扯了少数民族政策，所谓“天下选合格者三百人赴会试，于内取中选者一百人，内蒙古、色目、汉人、南人分卷考试，各二十五人”。在人数多过蒙古、色目人百倍的汉人、南人之间平均分配名额，自然极不公平。

朱元璋推翻元朝后，民族差别因蒙古统治者退回漠北消弭于无形，南北方的差距却更加严重，终于引爆了血腥的“南北榜”事件。明朝初年，进士的录取完全按成绩而定，全国一张卷，统一分数线。结果洪武三十年（公元1397年）一榜，录取的52人竟全为南人，北方士人大哗，指责主考官湖南人刘三吾偏袒老乡（其实冤枉，这榜状元来自福建），结果朱元璋出于争取北方士人的政治考虑，推翻此次科举考试结果，亲自阅卷，多取北人。不仅如此，这位和尚出身的皇帝更大开杀戒，诛杀考官，原先的状元、进士也连同被杀、被流放。即使考官有过，考生又有何辜呢？但这样暴力的矫枉过正终究不是长久之计，最后还是在1427年，江西人杨士奇出于大局，提出更进一步的改革方案，建议明廷将会试试卷“南北分卷”细化为“南北中分卷”，南北卷各取55%、35%，而中卷取10%。至此就形成了明代会试中南北中分地而取的“分区定额”录取制度。

明亡清兴之后，清代统治者一开始在“凭文取中，不分南北中卷”与仿明代旧制在会试中分南北中卷录取之间摇摆不定，最终在康熙五十一年（公元1712年）议定了新的录取政策，即分省取中制，也就是在本省内依额选佳卷录取。这自然有其道理，最主要的目的就是要照顾文教落后地区，避免反复出现全国统一招生、统一录取时“江浙大省取中人数居其大半，而边省小省或竟至一名不中”的尴尬局面。在次年恩科中，清廷“始分省中额，自是遵行无改”。从此，会试中的“南北分卷制”由“分省取中制”所取代，各地士人也不再计较南北两大区域的录取名额分配问题，而是关注本省籍士子的会试名额，南北地域之争的观念几乎不存在了。而这个“分省取中制”可以说是影响了日后数百年的考试制度，今天高考的录取名额按省区分配同样可以说是秉承了它的精神。

意料之外的结果

在实行分省取中制之后，清代的科举制度，实际上无论是学额还是乡、会试中额，均以此原则贯彻到底：乡试（举人）、会试（进士）中额具体分配至各个省份；童生，也就是秀才，更分配到了各府（大约相当于现在的地级市）。比如顺治四年（公元1647年）规定，“直隶、各省儒学，视人文多寡，分大、中、小学取进童生。大学四十名，中学三十名，小学二十名”。而“人文多寡”其实是个模糊概念，一般说来往往与各地文风高下、赋税轻重、多寡紧密相关。比如江苏省虽然面积比安徽省小，但上缴的赋税是后者的2.5倍，分配到的名额自然就比较多。

话说回来，这样的名额分配也只是按住葫芦浮起了瓢。毕竟在会试之后的殿试里，全国的进士都是要按成绩排座次争状元的，完全是自由竞争，毫无区域配额。这样就出现了清代状元分布的严重地域失衡。作为整个科举制度金字塔的巅峰，科举的一甲（状元、榜眼、探花），尤其是其中的“状元”可以说是天下读书人梦寐以求的至高荣誉。但在清代，科举一甲人物却高度集中于江苏、浙江两省，清代江苏省共出一甲进士110名，占全国总数342名的32.2%，浙江省一甲进士81名，占23.7%，两省合计占全国一甲进士的55.9%。其中，不但像作为江苏省会的苏州府城出过17名状元（清代一共114名状元），以至于状元被形容为苏州的土特产，所谓“不识大魁为天下公器，竟视巍科乃我家故物”，苏州类似于今天的某些“高考工厂”；甚至像嘉定县（今上海市嘉定区）这样普通的江南小县也出过3名状元，而放到省区状元排名里，嘉定县已经可以排到第六名。生活在20世纪初期的张耀祥还不禁感叹道：“黄浦江上（上海），石头山下（南京），西子湖滨，钱塘湖处（指杭州），竟是英才降诞之所，瞻彼东南，不禁神驰”。这样的局面持续久了，居然就让陕西人王杰白捡了一个状元。当年殿试，王杰本列第三，结果乾隆看到他的籍贯（清初至彼时陕西尚无状元），就将其排在原定第一（江苏人）、第二名（浙江人）之前，得中状元。

这背后的原因自然是江浙受分省取士的名额限制，属于“困难模式”。明清时期本来就有“金举人、银进士”的说法，即乡试录取率略低于会试，考中举人的难度略大于考中进士。与被称为“北闱”的京城顺天贡院相对，被称为“南闱”的江宁（今南京）江南贡院，每逢八月乡试期间，更是热闹非凡，秦淮河畔，士人云集，南闱取中“解元”（第一名举人）者其声望（与考场实力）要远远高出他省的“解元”。清代江南贡院有号筒（号巷）295字，共号舍20644间，从两万多人的激烈竞争中脱颖而出的举人们无疑是文章的佼佼者。

另一方面，在乡试里，各地秀才也是在全省统考里争夺举人的资格。由于清代行省普遍较今日为大，而乡试又是只在省城举办，这对偏远地区的秀才们就很不利。湖广就是一个典型例子，清代初期沿袭明朝旧制，以武昌（今武汉）作为举行乡试的考场，在落后的交通条件下，浩渺的洞庭湖就成为应试秀才们必须跨越的天险，湖南士子误考竟是常事，即使能够进入考场，也会因为身心俱疲和路途遥远导致无法良好复习而影响发挥，难以取得好成绩。清廷最后在雍正年间实行“两湖分闱”，各自分别取士，才解决了这一难题，此后的湖南“遂家置诗书，人怀铅椠，下至苗猺子弟，争趋向学，庠序盈门，萃萃俎豆”，并在清代后期出现了“惟楚有才，于斯为盛”的说法。

同样的情况也发生在陕甘，只要看一看地图就知道，敦煌等地的许多士子前往西安应考是多么艰难，最后只能苦读终身却无缘乡试。虽然这个问题最后也是因陕西与甘肃分闱得到解决，但既然分省取士，省自然不能无限制地划小，还是难以完全实现朝廷“就地取材”的初衷。一省之内，教育资源也不均衡。省城所在地方，毕竟近水楼台先得月，这里的士子在省内生活优裕、条件方便、信息灵通，因此也在科举考试里占尽优势，比如四川省在清代一共分配到786名进士，结果省会所在的成都府独占157名，比第二名的重庆府高了差不多一倍，以致有了“四川称秀才，惟成都士大夫”的说法。这跟今天省会城市的高考录取率往往高于其他地市如出一辙，比如2016年北大清华一共在河南省录取396人，省会郑州独占98人，比例将近1/4。

安徽的情况与此类似，省城所在的安庆府独占清代全省进士的1/4，而皖北的颍州府（今安徽阜阳、亳州一带）虽然地域广袤，人口众多，却只出了24名进士，仅占全省2%，属下的太和县更是有清一代没有考中一名进士。明朝时颍州建“奎星楼”以兴当地文运，清朝时颍州再建“文峰塔”欲振兴日益萎靡低沉的文运，仍旧无济于事。

古代“高考移民”

不过，随着时间的推移，无论是哪个地方，科举考试的难度都是在逐渐增加的。原因也很简单，清代人口到19世纪中期已经超过4亿，随着人口的剧增，科举应试人数显著增多，但朝廷却不可能因为科举人口的大幅增加而无限扩招（进士及举人），毕竟与今天自主择业的大学生不同，封建朝廷没有这么多空余的官职给多出来的新科进士（举人）们做。更有甚者，江南（江苏及安徽）的乡试名额，反而从清初的160名降到清末的142名。于是，通过科举考试走向仕途的大门只剩下一条很窄的缝隙。以当时算不上科举大省的山东省为例，从1747年到1873年这一个多世纪，乡试的录取率就从1.7%降到了0.5%，而在明代，这个数字曾经高达7.5%，联想到明代范进中举后的癫狂，清代的秀才们面临的将是一条多么绝望的科举之路更是不言而喻的，以致有人说过，“生员开始，到成为进士，只有三千分之一的机会”，这个比例有多低呢？甚至不如今天买两块钱双色球彩票中到十块钱的五等奖的概率（1/2728）。如果做一个可能不太恰当的比较的话，从秀才考上进士大概相当于2016年北京大学在安徽省的51万名考生中录取了139人（比例为1/3700），非学霸中的学霸不能榜上有名也！而且，高考一年一次，乡试（不算恩科）三年一次。

清代科举的分区定额建立在户籍地应试的基础上。当然也有变通手段，即所谓寄籍应试之法，指某一考生或其祖、父入籍至原籍之外的另外一个地区，该考生以新入籍地区的户籍参加考试的方法。当时的“异地高考”条件非常苛刻。第一，在年限上入籍至少要在20年以上。第二，由于入籍需要以置有房产或田产为必要条件，因此，寄籍应试也必须以置有房产或田产为前提（类似买房才能入户）。除此之外，往往又格外强调以寄籍地置有祖、父坟墓为必要前提条件。以上两个方面要求是密切相关的。在年限方面的规定，或者以田亩纳粮之日为始，或者以庐舍契税之日为始，计足20年以上者可以申请寄籍应试。第三，寄籍应试一般必须以“实无原籍可归”为前提，这主要是为治理多处冒籍跨考所提的要求。第四，寄籍应试的考生必须在取具“族邻甘结”之外，向寄籍地政府呈明其为“寄籍应试”，否则，即使年限、房产或田产等条件已经达到，也将被判定为冒籍应试。

可以看出，能够通过这种办法寄籍考试的士人，实在已与土著无异。绝大多数考生达不到这个条件，有道是“虾有虾道，蟹有蟹路”，为了在越来越激烈的竞争中出人头地，不免有人动起歪脑筋，考试作弊自是其一，另一个办法，就是“冒籍”。所谓冒籍就是假冒籍贯，说穿了就是古代的“高考移民”：部分士子为争得科举资格，增加入仕机会，采取冒籍手段，避难就易，前往学额较多、竞争强度较低的府、州、县参加考试。而此时各省之间的录取率差距之悬殊也实在给了读书人足够的“冒籍”动力。譬如乾隆九年（公元1744年）的乡试，按人口与中举比例计，云南的录取率居然是江苏的10倍之多。而康熙二十三年（公元1684年），贵州的乡试中试率竟达江苏、安徽的91倍之多。

特别是清廷为了鼓励边疆地区崇文向化，在科举名额设置上往往有优惠政策，比如康熙就增加了台湾府的科举名额，在举人两名之外，“择其文理清通者，酌量宽余录送”，而当时台湾一府三县的汉人总数不过3万，显然是人少额多，而乡试中设定的保障名额对于有志于科举的士子而言更是十分有利。虽然康熙特别强调“内地不可援以为例”，也根本无济于事。闽粤士人纷纷东渡冒籍，以致台湾府的科举中试者，“泉、漳居半，兴（今莆田）、福次之，土著寥寥矣”。同样文教比较落后的广西的情况也差不多，乾隆年间，监察御史谢济世专门上了《请停外省人入籍广西应试事奏折》，揭发某年广西第一名举人是江苏人，第三名举人是广东人，如此下去“将来广西举人、进士必尽为外省人占去”，实在令“土著含冤”。当然谢济世本身就是广西人，自然有乡土情结可能言过其实，但大概情况确是无误。

话说回来，冒籍到此类“蛮烟瘴雨之乡”，虽有科举之利，生活实在不便。因此，清代最有吸引力的冒籍地点是顺天府，具体而言，就是大清帝国、直隶省、顺天府的三重附郭县——“天下首邑”大兴与宛平（今北京）。虽然并非落后边远地区，但作为天子脚下，直隶在科举名额上也得到了照顾，它的录取名额与江苏省相近，而人口只有后者的2/3，由于顺天府独占直隶举人名额的25%，结果当时江浙一带乡试录取的比例为145：1；而顺天府的录取比例是20：1！加上京城乃四方辐辏之地，五方杂处，“住居则迁移无定，族戚亦恍惚难凭”，“冒籍”败露的成本就更低了。甚至有些土著绅衿将冒籍作为牟利手段，为“获其厚利，认为子侄冒籍，藉其门户以应考，虽易姓改名而不以为嫌”，跟今天的假结婚拿户口也差不多。如此局面发展到乾隆年间，“（大、宛）两县虽有额进七十五名之多，而土著得在进列者不过二三十人为最”，原因就是“土著士子岂乏能文之人，惟是远方冒籍者倍于土著”。尤其是乾隆五年两县录取的秀才，“新进二十三名，实在通州本地只有三名，其二十名俱系江浙各省之人顶冒”，实在是令人瞠目，更是引起了本地考生的强烈反弹，最后迫使清廷釜底抽薪，发明了审音制度，从此大、宛两县考试童生必须接受官居五品的审音御史的测试，若口操江、浙吴音自是冒籍无疑。

旗人的特权地位

总的来看，清廷对待“冒籍”的态度一直是以打击为主的。对考生增加审音环节以防止“高考移民”的措施也逐渐推广至全国，结果在遏制了冒籍之风的同时，还闹出令人啼笑皆非的笑话。国民党的元老吴稚晖1865年出生在武进（今常州市），但从小被外祖母带在无锡长大，说一口无锡话。虽然无锡就在武进隔壁，同操吴侬软语，外人听来都差不多，但等吴稚晖回到原籍考秀才时，监考人员还是敏锐地发现他说的不是常州话，差点因此取消了他的考试资格。

随着科举战场上僧多粥少的局面变得越来越严重，士子们的焦虑也是可想而知的。事实上，在整个大清帝国，只存在一个群体在科举上处于“赢在起跑线”的地位——这就是“旗人”。清代的旗人，当然是一个民族概念，但同时也是一个社会等级概念。皇帝对于汉族老百姓（称为“民人”）的一个奖励，就是“抬旗”，从而成为八旗中的一员。

清朝在入关前，“以骑射为本，右武左文”。虽然皇太极时为发展和壮大力量，分别于天聪三年和天聪八年举行过两次类似科举的考试，天聪八年这次，皇太极令礼部考取通满洲、蒙古、汉书文义者为举人，取中满洲、汉人、蒙古共16人俱赐为举人。但那时还没有形成一种正式的制度。入关之后，为了保持八旗军队的战斗力，清廷曾限制甚至反对八旗子弟参加科举考试。直到顺治八年（公元1651年），吏部上疏：“八旗子弟多英才，可备循良之选，宜遵成例开科，于乡会试拔其优者除官。”这样就有了八旗科举。起初，八旗科举实行的是满汉分榜制度，至顺治十四年又停止，康熙六年恢复满蒙科举、与汉族人同考，十五年又一次停止旗人科举，二十六年再次准许八旗人与汉族人一体应试。

此后遂成永例。

有清一代，被爱新觉罗家族视为基本盘的旗人享有许多特权，其中一项就是参加科举时拥有固定的名额。顺治八年（公元1651年）定旗人乡试中试额数，“满洲、蒙古、汉军乡试于顺天举人定额取中”，“满洲五十名,蒙古二十名”。雍正十三年（公元1735年）后，又把旗人（包括满洲、蒙古、汉军）的名额“照小省例加中”，其中“满洲、蒙古加六名”。

虽然看上去名额不多，但考虑到旗人相对极少的数量，而且他们入仕途径多（比如通过担任御前侍卫，满洲将相多由此出），真正参加科举的人数有限，因此录取比例就显得非常高。连康熙皇帝自己也承认，“朕试八旗举人骑射，仅八十余人，即取中进士十余人似乎太过。汉人举人万余仅取中一、二百名进士”。说归说，在清朝除一般文、武举考试外还有翻译科考试。这个翻译科考试则是为旗人特设的，汉人任何时候都不能染指。所谓“清翻译科专为满洲文、蒙古文与汉文之翻译而设应试者以八旗子弟为限”。道光二十三年规定，“各省驻防（八旗）翻译童试，满洲、蒙古童生五六名取进一名”，比康熙所说的还要“过”得多了。至于宗室旗人科举之待遇则更加优厚。从清初至嘉庆四年，若是姓爱新觉罗，则免乡试直接参加会试，宗室会试成绩稍微可观者即委以重用。

但清朝对于旗人的科举优待政策却不曾像元代对于蒙古、色目人的优待那样引起什么波澜。这是因为，一方面，旗人虽有固定名额，毕竟不多，无关大局；另一方面，旗人中也的确出现过凭真才实学问鼎状元的人才。

此人名曰崇绮（1829—1900）。他中状元是在同治四年（公元1865年），应该说，政治特权在其参与科举中没有起到任何作用。由于崇绮的丈人郑亲王端华，作为咸丰皇帝的顾命八大臣之一前不久才在慈禧太后与恭亲王奕䜣联手发动的政变里丢掉了性命，更不用说殿试是没有按照分区取士原则进行的考试，也就是说崇绮要在同一标准下与汉人竞争（旗人在殿试时并没有少数民族加分），难度是可想而知的。《清史稿》因此也说，“立国二百数十年，满蒙人试汉文获授修撰者，止有崇绮一人，士论荣之”，这个评价是不过分的。

无论如何，尽管清廷一直在科举中的民族、地区平衡上艰难地走着钢丝，但在一个拥有世界1/5以上人口，各地差异几乎同整个欧洲一样大的封建帝国里，寻找到令统治者与五湖四海的应试士子皆大欢喜的解决方案毕竟不太现实。只有一点是肯定的，如果要攀上科举试场的巅峰，个人的奋斗是不可或缺的。

（文/小黄鱼儿）

古代科举考试，为何南北方考生的成绩差距很大？

每年一到高考，有关各地高考状元的话题都会引发热议。

从这几年的情况看，人们的话题更多集中在考生本人身上，很少出现诸如地域、性别之类的话题。事实上，南北方状元的分数，即便以采用全国统一试卷的地区而论，也看不出什么明显差别。不过，在中国古代，情况就大不一样了。

在兼具今天高考和公务员考试职能的科举考试中，考生成绩因地域不同而呈现出巨大的差异性。更具体点说，从宋朝开始，南方的成绩逐渐呈现碾压北方之势，并且，这种势头一直影响到近代。在著名的新文化运动的几位旗手中，除了李大钊是北方人，其他如陈独秀、鲁迅、胡适、蔡元培、钱玄同等都出生在南方。

既然用着同样的语言和文字，为什么南北差距这么大呢？

南北悬殊

严格地说，北方并不是一直处于被碾压的地位。

在科举制兴盛的唐朝，北方的状元数量远远多于南方。比如，唐朝首位、也是中国历史上有名可考的首位状元孙伏伽，就是今河北邢台清河人。公元622年，唐高祖组织首次全国性科举考试，刚被罢官的孙伏伽参加考试，进入到进士科环节，唐高祖鉴于他之前当官时敢于大胆进谏，就圈了他的名字，唐代第一位状元由此而生。

科举制的建立，打破了之前流行的士族政治造成的门阀限制，允许普通读书人自由投考，使全社会的人才资源得以顺畅流动起来。贞观初年，唐太宗李世民在科举考试放榜日到端门观察，见新科进士于榜下缀行而出，喜不自禁地对身旁侍臣说道："天下英雄，入吾彀中矣！"

整个唐朝，尤其是在唐前期，北方人的优势非常明显。公元755年前，共著录籍贯的状元8人，其中7名是北方人。即使以整个唐朝来看，明确著录籍贯的状元42人，北方25名，占了六成。

但这种优势却在慢慢被逆转。北宋仁宗之后，共计30名状元中，南方籍21名，占70%。北宋灭亡后，北方被金、辽所占据，南宋朝廷虽偏安一隅，但行的还是孔孟之道，学的也是之乎者也，依旧实行科举考试制度，考生范围基本限定在了南方地区。单从科举这件事来说，这段时期，南方在进步，北方在停滞。

到了明清时期，南方状元的比重进一步上升，明代全国著录籍贯的89名状元中，南方籍78名；清代99名状元中，南方籍88名，南强北弱之势已不可逆。

这一局面的形成，并非统治集团刻意为之。相反，历朝历代的皇帝为了保证王朝秩序稳定，曾经动用皇权，对南北考生的成绩进行干预，甚至为此闹到罢官、判刑乃至砍头的地步。

人为干预

对于皇帝来说，普天之下，莫非王土；率土之滨，莫非王臣。他所要考虑的自然是各方面的均衡，均衡才利于稳定。当知识分子多来自南方时，他们就要考虑适当打压。

北宋初期，统治集团上层基本都是北方人，由于此时去唐不远，他们脑袋中还保留着“西北，天地之劲方，雄尊而严，故帝王之兴常在西北”的观念，在这些人眼里，南方虽然此时已经成为国家的经济中心，但依然是下等地方。宰相寇准就认为“南方下国，不宜多冠士”，为此，在状元人选上，他在大中祥符八年（公元1015年）的考试中，竭力将南方籍肖贯中换为山东平度人蔡齐，并得意地说：“又为中原争得一状元。”

之后，司马光和欧阳修这两位分别代表北、南方知识分子开展了一场有关考试公平与区域公平的辩论。司马光认为，各地读书人起跑线不同，应该分区域取人，也就是分配名额。欧阳修则认为，国家取士，应“惟才是择”，东南读书人多于西北是事实，但东南取士，本身对东南的读书人来说，已经是百人取一；西北取士虽少，但大体是十人取一，已经占了便宜，如果抑东南而增西北，有失公允。

事实上，当时的人们已经意识到，“士人之盛，无如川浙、福建、江南，今解名极少，不无遗才；其京东等路荐送之数太宽，滥得者众”。

最终，宋英宗听取了欧阳修的意见，但在区域解额分配上，则向北方地区倾斜。哲宗时期，更是在会试中实行南北分卷制。尽管如此，东南知识分子的崛起已成定局，根据美国学者贾志扬研究，现在可考的北宋进士全国有9630人，其中南方的达到9164人，占到总数的95%。

而由地域引发的科举选人斗争最激烈的，则是明朝初年的“南北榜案”。

洪武三十年（公元1397年）春，礼部会试，主考官是翰林学士、湖南茶陵人刘三吾。刘三吾当时已85岁，是有名的大儒，饱读诗书。他从全国几百名举人中，点出52名考生，以宋琮为第一，报给了朱元璋。巧合的是，52人中，全是江南人士。

发榜之日，北方贡生发现没有一名北方人被录取，一下就怒了，他们怀疑主考官偏袒南方考生，将皇榜打落，贡院大门砸坏，并成群结队向负责科举考试的礼部衙门进发示威，要求对考试结果给出一个合理解释。最后，礼部找来锦衣卫，把这群学子暂时给压下去了。

不久，朝廷举行殿试，福建人陈安被钦点为第一甲第一名状元及第。消息传出，他们在南京城组织大型集会，游行示威。朱元璋得知后，出于王朝初建，北方边境还不够稳定的考虑，授意刘三吾增加几个北方人入围，一来稳定北方考生情绪，二来借此笼络人心，安定北方人心。但刘三吾从纯专业的角度，一口拒绝。朱元璋无奈，又授意翰林院侍读张信等人把北方考生卷子拿过来再看看，能不能选几个有才华的北方人。结果张信等人看了一遍后，发现确实没有合格的，就如实奏报了。

朱元璋自己也知道，北方之前在元朝统治下，文化课抓得不是特别紧，学识、见解等各方面肯定不如南方考生，但对手下大臣一点不领会自己的意图则更加恼火，他随便找了个由头，把刘三吾流放，张信等人凌迟处死。这一期的南方考生也跟着遭殃，不少人不光成绩被取消，还被流放各地。

同年六月，朱元璋授意重新会试，从北方考生中点出61名进士，这就是明初轰动一时的“南北榜之争”。

朱元璋的暴力干预给了后继者启示。1425年，杨士奇第一次提议恢复宋代的南北分卷考试制度，得到明仁宗赞同，决定该年会试“不过百名，南卷取十之六，北卷取十之四”，这样就能缓和北方考生的焦虑感。不过由于明仁宗突然逝世，南北卷的主张直到1427年在明宣宗的主持下才得以实施。这样，在进士的数字上，南北差距被人为缩小了，但状元仍基本被南方考生所垄断。

原因分析

这种现象实际反映的是中国社会经济重心的南移。

黄河流域是华夏文明的摇篮。从夏、商、周到两汉，黄河中下游流域一直是中国古代的政治、经济和文化中心。彼时的东南区域，被中原人称作“夷”，至于岭南、闽粤地区，更被视作瘴气之地，是犯人流放的场所。这种中原文化先进的骄傲情绪，一直影响到北宋时期。寇准作为北方知识分子的代表，视南方为“下国”也就在情理之中了。

魏晋南北朝的三百多年里，北方一直在打仗，包括大量知识分子在内的北方汉族人为躲避战火纷纷南迁，既为南方带去了大量劳动力和技术，也带去了更先进的文化知识。比如三国时期的荆州，就因为吸收了大量的北方移民，发展成为沃野千里的富庶之乡。

这种南移，在大唐盛世曾经被按下暂停键。此时南方文化虽已勃兴，但北方千年文化底蕴犹在，加之唐初先有贞观之治，后有开元盛世，长安作为全国乃至全世界著名的政治、经济和文化中心，拥有强大的文化辐射力。

这样的社会背景下，唐朝的状元多产于北方。但“安史之乱”让北方再次陷入连绵战火之中，而南方得益于长江天堑，得以保持相对稳定的社会局面。当地政权采取兴修水利、劝课农桑等措施发展生产，南方经济和文化发展逐渐超越北方。

北宋时期，这种经济重心的南移基本形成。北宋初年，通过汴河运至都城开封的漕粮为400万石，而整个黄河流域通过黄河、惠民河、广济河运至开封的粮食仅200万石。再往后，南方承担的粮食供应量越来越大，从400万石增至580万石，再到700万石。包拯由此感叹：“东南上游，财富攸出，乃国家仰足之源，而调度之所也。”

北宋被灭后，北方被金、辽所占据，南宋朝廷虽偏安一隅，但毕竟行的还是孔孟之道，学的也是之乎者也，依旧实行科举考试制度，但考生范围基本限定在了南方地区，文化的推广普及力度和广度远远超过了北方的两个少数民族政权。后世明、清两代，南方人能在状元数量上形成绝对优势，可能就是受这一时期影响。

古语云：仓廪实而知礼节。文化知识的学习，往往是建立在温饱问题解决的基础上。早期黄河流域文明的兴起，也是因为该区域农业文明的首先发达。南方在文化上的兴起，同样是因为生产力的发达，能够供养更多的人可以不事生产，专门从事教育工作。

据贾志扬在《宋代科举》一书中统计，人才出现率最高的两浙、两江及福建等地，各类官、私学校的数量以及设立学校的州县在本地区所占比例在全国都居于前列，三省州学普及率均达100%，县学普及率超80%，所设私学则占到全国的72%。就全国来讲，州学普及率达100%，县学普及率超90%的都在南方。再以明朝为例，据《大明一统志》记载，全国有书院308所，长江流域各省达250多所，占全国总数81%，北方仅有48所，南北之间形成巨大反差。

而且，这种文化的普及一旦形成风气、成为风俗，也就是俗话里说的书香门第、江南出才子之类，往往会形成一种良性循环。像福建的永泰县，曾在南宋孝宗乾道年间连续出过三位状元，后人在县城建“三元祠”以表纪念。

最著名的当属苏州，自隋唐推行科举制以来，苏州先后出过45名状元。有清一代，江苏共出状元49人，占全国40%，而苏州则贡献了江苏省的近一半，达24人。该地县学、社学、义塾、私塾遍地都是，下属的吴县、常熟、太仓、吴江和昆山有书院56所，著名的紫阳书院，历代掌院全部都是进士。直到今天，苏州仍保留有多家状元府，体现着苏州的文化底蕴，也暗示着苏州人的小小傲娇。

南方人才的集中和高产，一定程度上还对主考官产生影响。同样在明代，陕西籍考生吕楠，在会考中被陕西籍考官康海列为第一名，另一名南方籍考官王鏊却将其排在第六，康海为此愤愤不平道："吕楠的文卷没人能比得上，只因他是北方人，就压抑他的名次，是不公平的。"不过，王鏊后来还是听了他的建议，把吕楠定为状元。

时至今日，作为古代产物的南北榜已经消失在历史中。今天的教育体系更加多元，教育资源也在不断均衡。随着各类教育均等化政策的实施，每一位学子只要找到自己热爱的方向，并努力学习，都可以取得优异成绩。

（文/郭晔旻）

中国古代科举系统如何防止冒名顶替?

自古以来，为了对抗包括冒名顶替在内的各种舞弊手段，古人费尽心思。但尽管如此，自隋唐科举制度形成以来，考场舞弊几乎在每一场科举中都有发现，其中就包括冒名顶替。

唐代冒名选官

隋炀帝大业元年（公元605年），科举制正式创立。然而，隋朝仅二世而亡，科举制尚未形成制度化的规制。唐代继承了科举制度，但远没有达到标准化、规范化的程度，考生操作的空间很大。

唐代读书人想要通过科举出仕，首先要经过礼部主持的常举考核，此时常举考试的突出特点是试卷成绩并不决定考试结果。因此，要想在常举考试中作弊，主要通过“行卷”和“通榜”。

“行卷”是请名流为自己的作品制造声誉，以利录取。应试举子在参加省试之前，将自己平时的作品写成卷轴，送给政坛权要或学界名流，以求其赏识并向主考官推荐。

所谓“通榜”是主考官请有地位、声望且与自己关系密切的人来共同决定录取名单。“通榜”者没有看过试卷，他提出的名单主要是依据“行卷”来定夺。

另外，找“枪手”代考也是唐朝常举考试的常见作弊方式。为了防止代考，一般要求考生提供有详细体貌特征的履历。进场前，考官根据履历验明考生的身份。由于古代没有相片、指纹识别等技术，故设有识认官，专门识认考生，以防冒名顶替入场。每次考试时，考生须通过识认官验证之后方可进场考试。

通过了常举考试，考生还要经过吏部考试，全部合格后方能授官，而这一环节是“冒名”出现最多的一环。吏部选官的一个标准是出身和资历，这就导致一部分人在出身和资历上造假，“有伪主符告而矫为官者，有接承他名而参调者，有远人无亲而置保者”。特别是安史之乱后，由于保存在中央的选人人事档案散失殆尽，冒名顶替更加猖獗，“分见官者，谓之擘名；承已死者，谓之接脚”。

由于社会动荡，很多考生或已身故或流落他地难以找寻，这就给想要冒名顶替的人提供了很大的空间。

唐朝后期，冒名顶替非常普遍，民间相传：“入试非正身，十有三四；赴官非正身，十有二三。”即使官府对冒名之人身份有疑问，但是人事档案已丢失，其人在家乡的相邻百姓早已在战乱中逃离家乡，哪里还能找到验证真身的亲邻呢？

宋代冒籍科举

至宋代，科举制度已施行多年，相关制度比较成熟，而且宋朝统治者实行“重文抑武”的政策，对科举极为重视。

为保证公平，宋朝实行了分地取人的解额制。所谓“解额”，就是士人通过各类发解试以后，获得解送礼部参加省试的名额。宋初，发解试并没有固定名额，导致贡举人数太多，贡院之中人满为患。到宋真宗时期，制定了固定解额制，各州郡都限定了参加贡举的人数。

由于唐末和五代北方长期战乱，造成经济重心南移，南方的文化教育水平相应地比北方有优势。北宋中叶，山西人司马光和江西人欧阳修就以“逐路取人”（按区域分配中举名额）还是“凭才取人”展开了争论。虽然最后宋英宗还是听取了欧阳修的意见，但是在地区的解额分配中，加大了向北方地区倾斜的力度。

宋朝初年，因为战火未熄，人口流动量大，允许士子异地参加科考。但是到了开宝五年（公元972年），读书人就必须在籍贯地参加初级的科举考试。

实行解额制以后，开封、应天等地因为解额较多，便于入选，不少士子为了提高中举几率，举家迁移至他处。更有甚者“背本宗而窜他谱，飞赇而移试他道”，造成了很多怪诞的现象，有父子、亲兄弟乡贯不同的情况，更有士子为了假冒户籍居然改变亲属关系，自己的祖宗家谱都不要了，重金请求冒认在其他州郡家户名下。

有的士子祖先对国家有功，不用参加初试，但是这个名额一般是固定的，为了拿到这个名额也会出现冒名现象，但都是用的本家族人的名字。“士子又有免解伪冒入试者，或父兄没而窃代其名，或同族物故而填其籍。”

而针对这种“冒籍”的舞弊行为，政府也采取了严格的预防措施。一是清理核查户籍，乾道年间曾立法：“非本土举人，往缘边久居或置产业为乡贯者，杖一百，押归本贯。”可见刑罚之严厉。

再一种方法就是常见的“结保”，参加贡举考试的士子，每十人为保，有冒籍或者其他违反考试规定的行为，一旦被人告发，同保人连坐，终生剥夺考试资格。“结保”的特点是一人违规，同保连坐，这使得非本保的考生也会用“激光眼”扫描其他组的每一个人，因为一旦发现有违规的情况就能同时淘汰10个人，自己的竞争对手就少了10个！

明清冒籍

为了稳定朝廷在全国的统治，明代科举从宣德朝开始实行分区定额录取制度，也即各省直乡试都要按照所分配的解额录取；会试则是将全国两直十三布政司分为南、北、中三个大的区域，按比例录取。其中，南卷占会试录取额的55%，北卷占35%，中卷占10%。这样，一些心存侥幸的士子“见他方解额稍多，中式颇易，往往假为流移，冒籍入试”。

为防止冒籍冒名，明代也沿袭了宋朝，实行严格的现籍地应试制度和相互“结保”制度。但是，冒籍在明代处罚较轻，只是对考生发回原籍、废去在此之前拥有的功名，以后还可以再考；对考官的任职予以罢免。所以，明代的冒籍顶替现象屡禁不止。

清代对科举的不公平行为，实行了更加严格的预防和惩治措施，特别是在“防”上做了更多文章。

清代有种说法——“科举必由学校”，就是说一个士子若想参加乡试、会试、殿试，必须要经过童生试合格，成为府、州、县的学员。童生试是科举考试的起始，因此对参加考试考生的资格审查是极其严格的。顺治二年规定，“如祖、父入籍在二十年以上，坟墓、田宅俱有的据者，方准应试”。这一举措大大增加了冒籍的难度。

清代考试跟现在一样，必须携带准考证。清代科举考试准考证名为“院试卷结票”，考生赴考前需要亲自去领取“院试卷结票”。如果在赴考时没带“院试卷结票”，不准参加考试。准考证上要写有考生及其曾祖、祖父、父亲、老师及邻居的名字，还需要两位保人画押，以备在领取考卷时查验考生真实身份。一旦被查出替考，将祸及全家，殃及邻里。

清代为防冒籍还独创了一项“审音”制度，即查看学生的方言。清代的童生试中还有一项专门为防止考生冒籍而实行的审音制度。康熙四十年规定：“广西省土官、土目子弟，有愿考试者，先送附近儒学读书，确验乡音收送。”

之后，审音制度在各地的童生试当中普遍推行。乾隆时期为了防范科场案发，有很大程度地重视审音，此时期出现因为审音而被查出的考生大有人在，均“照例惩治”，给予相应的处罚。

顺天府大兴、宛平二县是清代审音最为严格的地方，因为这两个县的入学率较之其他地方高，冒籍考生也多。最初，审音是由知县负责，后因这两县的知县有包庇纵容的行为，康熙三十九年规定：“嗣后审音不详，或审出不据实承保者，分别以降级、革职论处。”到了雍正九年，又规定：“嗣后由府尹不时稽查。”乾隆四年又改为府丞专管审音事。后在乾隆十年，有两个官员再一次出现审音不力，激怒了乾隆，直接设置了专门的审音御史，自此成为定制。

清代的惩治措施较明代更为严厉，一旦发现冒籍或代考，考生和“枪手”一起问罪，戴枷号三个月，还要发配到烟瘴之地充军，“结保”的考生一律打一百杖！虽然没有直接斩首，但是读书人身娇体弱，戴着枷号徒步到边地，可能多数走不到目的地就被折腾死了，更别提打一百杖，不死也瘫了。

科举考试自创立初始，就是为了改变朝中官员尽出豪门世族，而寒门子弟出仕无门的现象。不论贫穷还是富贵，只要有真才实学，都可以通过考试出将入相，为了维护考试公平，历朝都在逐步完善相关制度，并且不断加大惩罚措施，确保每一个人都可以通过考试展示自己的才学，从而实现梦想。

（文/小黄鱼儿）

夹带小抄易搜，买通考官难查：作弊与反作弊大盘点

弘治十二年（公元1499年）二月二十七日，明朝户科给事中华昶上奏弹劾翰林学士程敏政，理由是此人作为主考官，居然卖题给一些狂童。狂童有二,一个是江阴县的举人徐经，一个是苏州府的举人唐寅。

具体情况是这样的：这年的会试，不管是朝堂上还是江湖上，均知道一件事——考试还没开始，考生之间就已经流出了试题。而试题就是从徐经与唐寅嘴里说出去的。此二人初到京城，就拜访主考官程敏政，还带着礼品，礼品主要由富二代徐经提供。为此，主考官程敏政“指点”了他们二人一下。徐经在考前又不知从哪里得来了一份据说是考题的东西，还请唐寅解题。二人平时说话做事又很狂，到处炫耀，因此导致了考前试题的疯传。

案情重大，明孝宗朱祐樘首先下令不让程敏政再阅卷，凡是程敏政曾经阅过的卷子，改由李东阳带人重新阅览定夺。开榜日期，也从二月底改到了三月初二。经过李东阳的复阅，徐经、唐寅二人的试卷，均不在录取之中。

唐寅是冤死鬼

这件事是比较有趣的，一个很浅显的道理就是，倘若泄题事件为真，那么以徐经和唐寅的文学功底，最起码应达到录取的水平，为何又被刷了下去呢？实则，这是李东阳老师的苦心。李东阳相信唐寅二人并没有作弊，也相信以程敏政的德行，绝不会干那种卖题的事，因此朝廷派他重新阅卷，他的任务，就是揭露真相。

的确，以徐经和唐寅的水平，中榜再轻松不过。明清两代，江南才子文魁不胜枚举，科考全都是碾压式获胜。但这就恰恰不能点他俩上榜了，因为如果他俩复阅上榜，那么程敏政泄题、二学子作弊，就板上钉钉了。唯一能救他们的方法，就是让他俩都落榜。如此，礼部右侍郎程敏政先生，徐经、唐寅俩考生就都得救了。

但，舆论不允许皇帝作出这个判断。为了查明真相，朝廷先把程敏政下狱了。这是给事中林廷玉的“功劳”，他列举了程敏政“六个可疑之处”。其中众所周知的是，富家子徐经曾经带着礼物去拜访过程敏政，唐寅还去他那里求过文章。按理说，后生拜访先生是正常的，带点礼物也是正常的，后生向先生求教文章也是正常的，哪朝哪代都这样。唯一不正常的是徐经与唐寅考前太过嚣张，一派了不得的样子。“六如（唐寅）文誉籍甚，公卿造请者阗咽于巷”“徐（徐经）有优童数人，从六如日驰骋于都市中，都人瞩目者已众矣”，两人太高调了。他们拜访了后来被指定为主考官的程敏政，唐寅又在考前扬言自己肯定中榜，这里面能没蹊跷么？

可以说，事到如今，没有也有了。士子与官员们谁人肯相信他们是清白的？绝大多数人都相信主考官卖题给他们二人，用以证明自己的落榜必有黑幕，外加本身就恨富，对他们的嚣张行为十分看不惯，也要跳出来说。于是，素有德望的给事中们都上奏了，来了一场当廷辩论，事实就是，没有任何一条证据足以证明徐经、唐寅两人买题，也没有任何证据能表明程敏政卖题了，弹劾程敏政的华昶等人，在面对皇上的时候，吱吱呜呜说不出切实证据，只是“听说”，那么着急弹劾程敏政，又不知是何居心。事情的结果就是，为平息舆论，主考官程敏政罢官为民；给事中华昶所奏不实，降级任用；考生徐经与考生唐寅，均革去功名。

最惨的还是唐寅，这段时期遭受的诋毁足以让他崩溃，他也成了士林的笑话，有些人谈“不要脸”一类的事，就要拿唐寅举例子。徐经家富，愤懑之后，一直等待朝廷为自己洗刷冤情（实则一开始就没证据证明他作弊），可惜一直没等到。徐经的子孙后代，也不愿意再参与科举之事，转而追求其他理想。所以我们看到，在明代之末，一个名叫徐霞客(徐经玄孙)的人，也是无心科举的。

主考官程敏政，数年前遭遇过一回牢狱之灾，是政敌构陷。这一年的牢狱却不一样了，出狱之后四天，因愤恨郁怒，全身发了痈疽，不治身亡。

可以说这不是一场真正的舞弊案，但足以说明科场舞弊是常有的事，中榜者少，落榜者多，当人们目睹了全过程，就倾向于这样理解眼前发生的一切。当真相与民意发生冲突的时候，真相已经不重要了。

8000两买的“双保险”

康熙五十年（公元1711年）的江南乡试，发生了一场真正意义上的科场舞弊案。主考官左必蕃、副主考官赵晋接受了扬州盐商的巨额贿赂，录取了5名啥都不会的纨绔子弟。这次乡试，整个江南上榜的才13人，扬州盐商之子就占据5个席位。此事引起了江南士子的极大愤慨。最终导致考生情绪失控，抗议游行，并跑到科场，将“贡院”二字改为“賣（卖的古体）完”，用以形容这录取名额就是卖的。

扬州的考生情绪更是激动，秀才们已经聚集起来，跑到左必蕃的生祠，把祠堂给拆了。秀才都造反了，可见情况的恶劣。经由苏州织造李煦和江宁织造曹寅（曹雪芹祖父）的秘密上奏，此事被康熙知晓。曹寅上奏说，传闻榜上不通文理的甚多，属于那种写文章不通顺的占据了几个耀眼的位置。康熙震怒，下令彻查。

经查，被拆了祠堂的左必蕃是冤枉的，主要搞事情的是副主考官赵晋。左必蕃未必不知道情况，但也是睁一只眼闭一只眼。赵晋就嚣张多了，和几个负责人与盐商的子弟串通舞弊。譬如考生吴泌，乃是盐商吴荣赞的儿子，先拿出3000两白银贿赂考官，约定最少能进前20名。他自己没有写文章水平因此又拿出了5000两白银找人代考，这一下就花了8000两白银。同样这么干的，还有程光奎、徐宗轼、马士龙、席玕等，均是有钱人家的子弟。秀才们送考官一副对联——“左丘明两目无珠，赵子龙一身是胆”，左必蕃是个瞎子，看不见舞弊的；副考官赵晋敢闯，什么钱都敢收。所以最后赵晋眼见要被斩首，干脆自己吊死在了扬州狱。参与徇私舞弊的房考官王曰俞、方铭等人，均弃市。主考左必蕃也是有罪的，的确是秀才们高呼的“有眼无珠罪”，名曰失察，被革职了，这种事对于官员的处罚不可谓不重。

康熙朝科场案只是冰山一角。有清一代科场舞弊屡禁不止。譬如咸丰八年（公元1858年），又发生了顺天府戊午科场案，起因是一个唱戏的票友居然高中，皇上下令追查。这位票友在狱里死了，结果在检查中发现，这次考试乌七八糟，中举的试卷中，竟然有50多个写得糟糕至极，有一人居然有300多个错别字。这显然也是贿赂考官，钦定不学无术的纨绔子弟上榜的案子，考官们同样被斩首了。

五花八门的作弊手段

在舞弊的情况下，考生是如何让考官知道该文章是自己所写呢？以吴泌为例，他在每张试卷中都会标有“其实有”三字，以他的个人能力，再“其实有”，也没办法弄成举人。还是替考人员写得好，阅卷人为山阳县（今陕西山阳县）知县王曰俞，也参与到了徇私舞弊当中，看到“其实有”三个字，就推荐给考官了。

这种作弊方法，是针对古代科举试卷密封的，看不到考生姓名，只能看见文章。约定一个很生僻的开头或结尾用词即可，有的是“其实有”，有的是“能是之乎”，还有民间传言的，把“也”字故意写得没有那一勾。这都是暗号，等被买通的阅卷人看到后，就会挑出来排名次。

次一等的，给钱较少的考生，则没有这种肯定破格录取的高级待遇了。只能是“继烛”，即单独延长考试时间，别人都交卷了，他不用交。继烛就是加时，通常都是早晨进场，即日交卷，不许到夜里还有人答卷。但备不住执行不严格，除旁人慌乱他不用慌以外，继烛还有另外一个神奇的功效，即已经知道考卷内容，其他学生都交卷以后，他们可以随意操作，徇私舞弊，不在话下。譬如光绪年间，条文规定不得继烛，但“继烛者竟有十数人之多，迟至戌正三刻始毕”，别人下午就得交卷，这十多人快到晚上九点才交卷。同样都是考生，这能说公平么？

除此之外，很想舞弊，却又没钱的平民考生，又如何作弊呢？

我们都应该知道，在古代科举的一些展览中，有蝇头小字抄写的必考内容，这和现在大学中打的小抄是同一种性质。烟台莱州市发现一件明代殿试作弊用的马褂。这马褂正反两面都写满了密密麻麻的蝇头小楷，以至于将五角硬币放在衣服上，足以遮住8个字，平均一个字仅长1.8毫米。

河南洛阳发现的一本作弊小抄，就是《五经全注》，全文30万字，而书仅有6.5厘米长，4.8厘米宽，1.5厘米厚。这极大方便了作弊考生的携带，抄写技术的进步也助长了夹带小抄的风气。譬如嘉庆年间的福建乡试，贡院头门的考官督察搜检过关，有兵士搜出一个广文先生（清苦闲散的儒学教官）夹带了一个包裹，考官陈鉴亭把这包裹放在自己座位右边，让兵士再搜，兵士搜查了这位考生的考篮，未搜出其他的，禀告“没了”。陈鉴亭瞪着这呆呆的广文先生说：“既无怀挟，汝不进去何待？”广文先生领了卷子就进场去了。兵士们都很震惊，但也不敢多说话，旁观者都长舒了一口气。这位陈考官，实则确实没有受贿，他是体恤下情，毕竟考前搜出小抄，按照通常的处理，就是这人彻底完蛋了。秀才先生们则更喜欢陈考官的人情，认为他“爱惜士子”。

除了藏在包裹里，还有藏在鞋垫上的，藏在衣服夹层里的，藏在鞋底夹层的，甚至有夹在带进去的食物里的。为此，有些时期严格搜检，还要求考生统一洗浴后换上朝廷提供的衣物。但这样成本太高了，到后来又废除了。只能是继续加强搜查，并在抓住以后处以重罚。同时要求坐垫和工具袋都用单层的，烛台要用锡做的，木炭要用碎的，食品全部掰开，篮子也要用透气可见的。

然而这一切，依然无法阻挡夹带。乾隆九年（公元1744年）的科举就查得很严，头场搜出来21个夹带的，交白卷的有68人，没写完的有329人，文不对题的有276人。二场搜出来21个带小抄的，点名时吓跑了2800多人。那么我们可以得知，实际上交白卷的里面，有一大部分胸无点墨的人混在里面，原本是带了小抄的，可惜因为查得太严，入场搜身前，赶紧把小抄扔了。

说起考生带小抄，有匪夷所思的地方。中国历史上的一名假会元沈同和，就是一名不会考试的白丁，居然在万历四十四年的时候，考了个会试第一名。这就匪夷所思了，有人说他夹带小抄，抄的。这不可能，考试作文，需要文笔和功力，结果一个不会写制文的家伙中了状元，证明此人绝非带小抄这么简单。

实际上，他这个作弊的，确实是带小抄了，但同时还请了“枪手”，一个名叫赵鸣阳的男人。赵鸣阳也在本考场，写了两篇文章，一篇给自己，一篇给沈同和。结果他是死活没料到，他替老沈写的居然中了第一名，自己给自己写的是第六名，这作文水平也是逆天。后经考生游行抗议，查证得知，沈同和的确考试不行，但人家有点钱，买通考官分配到和赵鸣阳一个考场，这样方便传递。人家从乡试就这么干，也是赵鸣阳替他写的，中了举人。这回会试又一不小心代写成了会元，也是赵鸣阳没料到的。查出来沈同和的确带小抄了，不过我不太明白，既然都有人代写了，你带小抄是做什么？后来一想，应该是怕代写无法完成，就得自己硬着头皮上，毕竟沈同和本身是懂点诗词艳曲的。为啥赵鸣阳这个凭自己本事就能拿会元的人，一定要替沈同和代笔，因为他俩是亲家。

还有一种方式与此类似，就是“换卷”。换卷也叫作割卷，考生或其家属买通考官，利用阅卷的机会进行换卷。将甲的试卷割下来，换到乙的卷面上。万历三十八年查出来的换卷考生就有18名，这18位考生自然是被革除了功名。参与密封、誊录、阅卷的考官，自然也要受罚。

更恶心的是一种叫作“蜂采蜜”的方式，即选定一个文采极佳的誊录生，在他进入誊录房之前，先将墨卷和偷印的卷子埋在誊录房内。等某位考生的试卷到了，就将先前和目前有的文章中文辞最优美的句子，合并抄录成另外一张墨卷，然后将该考生的卷子烧掉。再由自己用红笔誊录（所有原卷为黑笔，誊录卷均为红笔），因为是集合了各种精彩段落作为该考生的文章，故而谓之“蜂采蜜”。

买通考官和誊录生，花钱实在是太多，自然很多人是花不起这个钱的。但贿赂不起咱也不能坐以待毙，要主动出击，聘请各行各业的精英为自己添砖加瓦。根据《点石斋画报》的记载，宁波知府主持考试的时候，巡逻士兵发现考场的房顶上趴着一个贼。原以为是来偷东西的，后来审讯得知，这家伙是来帮忙传递试卷的。身上还夹带着答案，统共要向场内5名考生传递消息。

在科举的场次中，有专业从事偷窃工作的梁上君子，在春闱和秋闱的时间段里，被雇用来帮忙换卷，或者帮忙从场外传递消息给考生。薪酬十分丰厚，所以惩罚十分严重，这位梁上君子，就被打得屁股开花，还戴枷示众了。

在传说的作弊手段中，还有一种叫“飞鸽传书”的做法。说是鸽子把试题捎带出去，外面再把答案捎带进来。实际上这是被电视剧骗了，飞鸽随意捎信是不可能的。飞鸽固然是能传书，但只能是从自己固定习惯的地点，飞往自己的老家，且是单程的。譬如一行人远走，到了地方以后，将自己从老家带来的信鸽放飞，鸽子腿上捎带纸信，而且往往要放多只，是怕只放一只万一被不懂事的射下来吃了，或者鸽子半路死了，耽误大事。因此，将试题从场内带出场外，信鸽还是可以做到的，可以完成得非常漂亮。这也是为何外面能第一时间知道试题，赶紧写出答案来让小偷或者工作人员送进去的原理。

冒籍与科考移民

现在有高考移民，在明清时期，也有科考移民。这主要是因为每个省份的录取份额不一样，考试难度不一样。如在江苏刚好考不上的学生，到了偏远地带考试，都能考中。这在古代叫“冒籍”。

譬如乾隆元年（公元1736年），广西第一名举人潘乙震，实际上是江南山阳人。他冒籍的办法就是去当两广的幕僚，然后通过各种操作，把自己的籍贯改成广西西北部的东兰州（现在的东兰县），于是一举夺魁。潘乙震在江南考试是没办法夺魁的，甚至无法上榜，但在广西就不一样。

这缘于明清两代，教育水平和人文水平的差异。在广西等地，中举的当地人，也是城市之中生长环境优渥的子弟。而苏、杭、扬、泰等地，历来是这类环境，因此较难中举。对于这么办的学生，政府肯定是不支持的，然而倘若真较起真来，又会得出科举不公平的结论。同样的水平，在江浙就考不上，在其他考区一考就考上，难道不能说明问题么？

因为考试事关重大，是学子们一生的托付，所以如果能走这条路，也就跟着走这条路了。譬如清末状元，我国近代实业家、政治家、教育家张謇，也是一名冒籍的学生。张謇本人出生于江苏省海门市长乐镇，也就是清代的海门厅。然而这个海门厅的学额太少了，人又太多，所以张謇家让他冒籍为通州如皋（今江苏省如皋市）人。

本身如皋考生水平也不差，但海门考秀才的难度，是其他地方的几十倍。因为起初这个地方的名额就不多，是根据其人口定的，后来经历太平天国战乱，海门人口增加了80倍，但名额却没增加。但凡不傻的，基本都要靠冒籍。张謇通过塾师的介绍，假作通州如皋人张驹的侄子，改名张育才进行考试。这样做肯定是要花钱的，但也不多。结果等张謇苦读，中了秀才以后，才知道如皋的张家就是一群无赖，从那开始，就不停地敲诈勒索他。

首先是向他要了150银圆的“学官认派保廪生贽及其他费用”，随后又跑到他家里勒索了80块银圆。家里人去找塾师问情况，想改回原籍，不想再受这种敲诈。塾师喝令张謇父子要老实，否则不仅秀才要废了，以后连考也别想考。张謇家因此又继续遭受威逼敲诈五年多，你说他是活该也好，苦命也罢，总之不仅如皋的张家兄弟要敲他们，连学官和董事都要勒索他们。

张謇是冷籍，就是祖孙都没有一个考上生员的，这类考生想好好考试，再老实也会被勒索得精光，非倾家荡产不可。所以即便不是为了考试容易，那也得冒籍，可一旦冒籍，也会遭受敲诈。他19岁那年，穿着个破鞋，提着灯笼冒着暴风雨往城外跑，是因为听说县里头的衙役准备拿他，也准备勒索一番。张謇仓皇不知所往，只好拼命逃跑。

这世界上也不光是恶人，海门的训导赵菊泉就很器重张謇。写信给通州知州孙云锦，求他网开一面。孙云锦出面请求，终于在张謇20岁的时候，同意让他回归原籍。张謇家里已经不行了，因为如皋张家兄弟多年的敲诈，已经欠了1000多两白银。本身就是农民，这怎么能受得了呢？

好在张謇后来中了状元，又成了一名实业家，创办了20多家企业，近400所学校，为中国近代轻工业和教育事业做出了卓越的贡献。但是，又有谁能知道，直到年过四十，张謇依然在为自己当年遭遇的敲诈勒索而愤恨呢？

反作弊和作弊处罚

政府对于科举舞弊的查处力度很大，一旦属实，考生革除功名，考官直接处以死刑。对考官的处罚，清朝政府一经查实的舞弊案，对考官从来都是从重处罚的。但考生与考官联合作弊的情况却并没有得到十分有效的遏制，这主要是因为法律条文的制定与现实执行的差异是巨大的。正因为罪过实际上没到杀头那么重，但惩罚却是直接株连死刑，那么人们就更倾向于装作视而不见。于是，上上下下就形成了抓带小抄抓的很多（惩罚不重），却极少抓到群体舞弊（死刑和抄家），买通考官作弊的实在太多，唯有当其他考生闹起来，被皇帝知道了，才会去查一查。

顺治十四年（公元1657年）初冬，江南乡试应结束了，给事中阴应节忽然上疏说江南主考方犹等人录取的举人全都是他们族内的。顺治帝下令严查，并经过一番讨论，还是查不出到底是不是他们族内人的水平就是比别人高，于是复试。复试当天门卫森严，有士兵持刀监考，结果考生考的好坏不一，譬如著名诗人吴兆骞交了白卷。

既然交白卷，那证明你是不学无术啊。这就是落了实锤了，因此顺治将吴兆骞打了40大板，兄弟父子流放宁古塔23年。至于主考官钱开宗、方犹等18位同考官，全部处以死刑，妻子家产均罚没入官。其他考生，有的写得凑合，但也被革去功名，有的写得比较好，所以保留功名。联系到一纸上疏就可能让多个家庭毁灭，因此上奏者也是谨小慎微，不确切的不敢上奏。甚至发现考官明明看见有人带小抄却让人进去，士兵也不敢吭声。

毕竟有着急上奏，事情查了却没查出来的，反而是上奏者倒霉。因为，明清两朝，多得是作为主考官的一派，被政敌弹劾徇私舞弊，这也是害人的毒辣手段。因此清代中后期对于舞弊案的处罚也很谨慎，万一是政敌趁机害人，皇帝也就被当枪使了。

在考场上，为了预防和惩罚作弊，进考场前都有搜身的，无论食物还是篮子、衣物，都要进行检查。巡考也较严格（贿赂过了的除外），交卷之后有封卷不露姓名的弥封制度，还有为了防止考官认出笔迹的誊录制度，然而这也全部有空子可钻，如前面讲到的接头暗号“其实有”。这种情况，只要考生与考官约定了，坚持不说，任凭谁也无法抓住把柄。唯有抓住考官收受贿赂的证据了，这也不太容易，毕竟如何送礼不被人看见也是一门学问，被抓住了就是死刑，但很难抓住。宋元明清的科举都这样，作弊不被抓住的概率太高了，尤其是考官考生联合舞弊，被抓住的次数极其有限，中弹概率百分之一。如此一来，法律定得再残酷，也是没用的。然而，即便如此，我们也不能否认中国的科举制度是一个伟大的制度。我们所知的干练的官员和文人基本都是科举出身。如王阳明、杨慎、张居正、纪昀、刘墉等，科举就是为了筛选出这些人才，起到让有能力的人出来为官的作用。

（文/豆子）

古代科举考试为什么没有年龄限制?

庆历二年（公元1042年）春日，20岁出头的青年小伙王安石以优异成绩进士及第，随即任职淮南判官，开启了自己梦寐以求的入仕报国之旅。而在500多年后，明朝嘉靖年间，再败再战36年的考生刘珠，在66岁这一年，才圆了自己的进士梦。这还不算，清朝还有位名叫谢启祚的考生，实实在在地奋斗了一辈子，最后以98岁的高龄考中举人，102岁时受到皇帝提拔。

虽是殊途同归，却也能在强烈对比中让后人唏嘘一二——管你是垂髫小童还是耄耋老者，只要下得了决心，还真就能在科举路上一直畅行。难怪前不久一个话题冲上热搜，说的就是让现代公务员考试把年龄限制放开。

可事实真的这么简单吗?

兴设科举:“高效选官”的不断调适

大业二年(公元606年)，37岁的隋炀帝干了件大事。

这年秋天，炀帝下令，建立进士科。第二年四月，炀帝又下发诏令:“文武有职事者，五品已上，宜依令十科举人。有一于此，不必求备。朕当待以不次，随才擢升。”

自此，前朝的“九品中正制”被彻底抛弃，以考试成绩选拔官员的科举制渐渐成型。或许炀帝没能想到，自己兴起而设置的进士科，逐渐成为一枝独秀，替代和取代了其他科目，整整坚持了1300年，几乎成了科举制的代名词。

不过，按现在的话来说，科举制并非炀帝的完全原创，相反，这样的思想在很早之前便能寻到端倪。

几百年前的两汉，考试就已经成了选拔官员的一种途径。尤其是东汉时期，通过荐举、辟召都可入仕，荐举就包括贡举，考察的科目有贤良方正、孝廉、秀才、明经，还包括太学生博士弟子考试为官。然而，这时候除了成绩，还有太多因素影响着“考生”的最终命运，由此造成的选官混乱、滥察腐败也直接将“察举制”扔进了历史的“回收站”，兴于魏晋的九品中正制也走了这样的老路，背着“不公正、寒门学子无门路”的骂名被灰溜溜地驱逐出历史舞台。

痛定思痛，为了面朝天下广纳朝廷需要的真正人才，后续的统治者们也是真的花了心思。南朝的宋明帝制定了《策秀孝格》，明文规定以考试取士，此后的北齐武成帝河清年间，已经出现了“举秀才进京”。也就是考生进京选官的做法。此后北周宣帝等都有过类似举措，虽说朝廷交替，朝令夕改，可“重视考试”还真就成了统治者们为了抵抗“门阀专权”，公平、觅才、效率选官而共同走的关键一招。

或许也是在这个目标的指引下，开皇十八年（公元598年），隋文帝的一封诏令“京官五品以上，总管、刺史、以志行修谨、清平干济二科举人”，便以分科考试之举基本废除了官方举荐，吹响了往日选官制度退场的号角，也为后期真正的科举制登台打好了伏笔。

那么，如果只谈科举制的兴盛，隋炀帝能不能拥有姓名呢？也不然。事实上，从诞生以来，科举制便在历朝历代的统治者手中，不断地发展和调整，变来变去也大都是为了一条——公正、高效地选举能干的官员。

比如，有了隋朝的铺垫，李唐王朝彻底废除了九品中正制，把考试摆在了关键环节，规定无论是学校生徒还是州县乡贡，都要经过考试决定去留。为此不仅发展出了一套粗线条式的考试流程，还逐步确定了进士、明经等常科科目三场式的制度，完善了评判的标准，让全国的士子真正看到了希望，有了“其应诏而举者，多则二千人，少犹不减千人”的局面。到了宋朝，为了更充分地用科举选官，朝廷直接规定，考试成绩是取士的唯一指标，科举的程序也更加详密，还开辟了最高统治者亲自出题，亲手给自己选职员的“殿试”之举。如此还嫌不够，便又有了“制举”一说，多是皇帝临时决定，下诏天下，就为了“以应天下士”，到了明清，科举流程更加严谨，考察更为严苛，也是为了高效募集天下英才，朱元璋诏令中的那句“有司预为劝谕民间秀士及智勇之人，以时勉学，俟开举之岁，充贡京师”，简直就差把“朝廷需要人才，能干的人都请来报考”写在脸上了。

也正是为着人才的这股子韧劲儿，让延续千余年的科举制度变过来，改过去。而针对考生条件的“限制”与“放开”，也是在这样的语境中形成和化解的。

考生年龄：限制中的“次要”选项

在古代，是不是什么人都能跨进考场、提笔答题呢？

答案自然是否定的。捋一捋就能发现，科考自诞生以来，围绕着“考生资格”也有着宽、严两说。

宽，指的是考生身份、出身。

一方面，“投牒自进”，也就是考生自由报考，是科举制和察举制最为关键的分野，即不需公卿大臣推荐，也不论出身贫寒，都能参与考试，共同竞争，合格则取。

另一方面，随着科举制的成型和完善，士子的职业、出身条件也不断放宽。比如，初唐时期，浊吏、试官、商贾、服孝之人都不允许参加考试，但到了中晚唐，愿意辞职的试官、浊吏都能走进考场，后来商贾子弟也拥有了报考资格，唐代的陈会就曾“家以当垆为业”，最后还是顺利考中进士。再后来，小吏、将校子弟乃至僧人道者，只要吃下科考这份苦，想着走出仕这条路的，基本都能如愿进入考场。

当然，一味地放宽资格也会带来许多副作用，比方说唐代就因考生钻空子，出现了许多“冒籍”现象，这也有了“严”一说，对考生资格审查的日渐严苛。

最开始，德行被设为一道硬杠，将许多人拦在了考场之外，唐宪宗曾直接规定：“州府所送进士，如迹涉疏狂，兼亏礼教……有一事不合入清流者，虽薄有词艺，并不得申送。”

不仅是举子，哪怕是先人有犯罪记录，后代都不允许参与考试。而后，为了弥补科举中可能漏掉的德行考察，范仲淹、司马光曾向朝廷建言献策，比如废除糊名法、考察品行没有亏缺后再报上姓名，甚至一些朝代还因此有了暂停科举的做法。

再有，对考生资格的严格审查，唐时建立起了交纳家状和举子相保制度，要通过户籍、德行、学业等种种考察，这才有了跨进考场的可能。发展到了清代，就连最初的童生试都有了严苛的资格限制，必须身家清白，也就是本人无过犯、三代无贱民贱役，本籍报考、无匿丧之举、无枪替之弊、廪生结保，做到这些，尤其是其中的本籍贯、廪生结保的限制，一是防止考生为了“容易录取”（不同地区的童试录取难易不同）而大胆“冒籍”，二是防止徇私舞弊从而让童生为自己选择担保人，保证自己“德行无亏”，总之一查再查，一验再验，才获得童生应试资格，开启自己漫漫的科考之旅。

其实，围绕考试资格的众多设限中，并非完全没有“年龄”这一项。

比方说，唐朝为了在科举中兼顾到民间的“神童”们，专设“童子科”，要求“凡童子科，十岁以下能通一经及《孝经》《论语》，卷诵文十，通者予官；通七，予出身”。结果还没实行多久，发现这招根本没能召集来真正的“神童”，相反成了各路塞人的渠道，许多年龄大、学业平庸的士子顶着“童子”之名被送到统治者面前，“痛苦不已”的统治者们赶忙调整规定，要求将童子的年龄严格限制在12岁以下。

宋朝碰到多次参加省试或者御试落榜的士子，实在不忍心，专门设置了特奏名制度，允许40或50岁以上的落榜者由礼部奏名，直接参加殿试，但到后来，因为此举多半换回的是才能平庸、年龄偏大的仕官，朝廷又对特奏名的年龄和人数都做了严格规定，最先要求65岁以上，后来又改到55岁以上。清朝时，童生也被严令禁止谎报年岁，以防有人“装小”来降低考试难度或者“倚老”在乡试中获得恩赏。换句话说，科举中“年龄”的收缩与放宽，虽然存在于不同场景，但基本上都依循着以往的路数，保证公平公正、确保考生德行，当然，无论是“谨德行”还是“查三代”，甭管是选“神童”，还是特奏名，改来改去，也都是为了一件事——帮朝廷选到真正的人才。这也就为科举背后的“年龄之宽”种下了根本之因。

放开限制：选贤举能的背后法则

奥克斯纳姆曾于1888年在英国和爱尔兰皇家亚洲学会杂志上发表一篇《中国科举考试的考生年龄》，文中奥氏大肆慨叹：“中国考试制度的一个特别之处就是对考生不存在任何的年龄限制，十二至十五岁的稚童可与八十岁的老翁同堂应试。屡试考场的老手常常不会成功，而每次中榜者都有二至四个年龄在二十岁之下的神童。”

这也是大多人对古代科考的印象。只要乐意，就是百岁高龄拄着拐杖进考场，也没人拦着你。当然，这也把很多人搞得稀里糊涂，为啥不给考生设定年龄限制呢？

要说这个问题，得考虑两个层次，一是能不能设，二是应不应设。

先说能不能设，自然是能，上文提到的童子试和特奏名制度都能证明，你要非让朝廷动动心思，“年龄”也能被拿来做文章。此外为科考设置的“捷径”和“他途”的国子监和馆学，也都对入学学生的年龄做过严格规定，元代的科举中也曾明确要求推举“年及二十五以上、乡党称其孝悌、朋友服其信义、经明行修之士”。可问题是，这些条条款款一旦被发现对人才选举没有作用，很快就会遭到废除，比如洪武初年就破除了“二十五以上”这个要求，为的就是“帮青年举子脱颖而出”。

那么应不应该设？

从考生角度来说，肯定不应该。一来，一旦把年龄框死，肯定会打击大伙的应考热情，也会让不符合年龄的考生“求路无门”。二来，如果年龄再成为枷锁，对很多士子而言，夸张点说，科考也就“名存实亡”了。这就得提到科举考试本身。所谓“朝为田舍郎，暮登天子堂”，可这背后往往是一条漫长而曲折的道路。先说考试流程，拿明代为例，科举每三年举行一次，称为“大比”，想入天子朝堂，士子们得先通过乡试，成为举人，再入京参与“会试”，会试需考三场，初场考四书义三道、经义四道；二场论一道，判五道，诏、诰、表、内科一道；三场经史时务策五道，经过这重重“锉磨”，才能得到天子亲策的殊荣，进入“殿试”环节，其后再论成为进士以至于状元、榜眼、探花。

士子本就需寒窗苦读，才能应对艰难复杂的考试内容，即便历经多年终于蓄积了足够的学识，可经过这么一轮下来，就算是一路顺风，也得颇耗一段时间，更别说生产力、交通都不发达的古代，历朝历代都有数不清的学子为了入京赶考，吃足了苦头，甚至为此丢掉性命。晚唐著名的文学家刘蜕就曾为自己叫苦，说自家住九江之难，离长安有四千多里，无奈出身贫寒，只能徒步前往长安，每天要行六十里路，光往返就需要半年时间。除去这些，每年还需要有三个月侍奉双亲，两个月积攒路费，直到最后“头发变白，田园荒芜，养老无着”都还在努力备考。

关键是，哪怕一轮接一轮，真正能走到最后关卡的人少之又少，有人曾做过统计，明代洪武四年到万历三十二年之间，能有迹可查的会试中，平均录取率仅为8.16%，67科会试中，录取率不足10%的达到50科。做一个不恰当的对比，2021年，咱们的高考录取率有望突破90%。雪上加霜的是，一旦作为“大多数”科考失败，想要一鼓作气再来一次，还得足足等上三年，这还不算因为家庭变故、婚丧嫁娶等琐事耽误，一来二去，折腾到中年还“颗粒无收”简直是常事，如果这时硬生生地设置年龄限制，无异于彻底堵死了大多数考生的前路和念想。

话说回来，科考就没有轻松一点的路可走？还真有，都说“三十老明经，五十少进士”。科举制兴设初期，科目“明经”主要考经义，难度相比进士削弱了很多，以至于录取率甚至能达到三成。可这，也偏偏拉开了二者的含金量差距。外廷士大夫之任宰相者，也多由进士出身，由此形成的“唯进士为贵”的社会风气更加剧了考生们挤破头、跑断腿也要考取进士的执念。也有着这个缘故，大部分能高中进士的士子，年龄都不会太小，大名鼎鼎的贺知章37岁考中进士，有着“今之欧阳修”之名的归有光，也是历经八次科举，在60岁这年，才终于圆了进士梦。换句话说，哪怕对于学问足以出仕为官，甚至被明经录取都绰绰有余的人来说，冲着进士一考再考，无论成败，已经化为一种坚持和信念，为此赔上一辈子，也在所不惜。在这样的心境中，一道年龄限制，不再符合报考条件，反而成了诛心之举。

那么另一方面，对朝廷而言，应不应设年龄限制？倒真没这个必要。一方面，常年科考都没考中的士子真的没有真才实学或者对朝廷一文不值么？不是的，考不考得中，有时还真是命说了算。比如，著名诗人顾况的儿子顾非熊就曾在科考场上苦熬了30年，愣是没中，但顾非熊是有真学问在肚子里的，诗文之妙连皇帝都知道他的名声。所以一看榜上没有他的名字，皇上自己都吃了一惊，赶忙让官员呈上顾非熊的文章，经过特批增加名额，这才让顾非熊中第。可若是增加了年龄限制，把垂垂老矣的“顾非熊”们拦在场外，无异于硬生生地放弃了一部分人才。事实上，据研究，即便科考不设年龄限制，历朝都有大批的士子因科考失败而灰心放弃，或遁入山林，或流于街市，其中就不乏有才之士。再者说，失败的士子一年接一年地重新准备，再次赴考，一次次的准备中，士子的才学也在充实、增长，相对应的人才质量也提高了，即便是真遇到了平庸之辈，就冲着这份耗费半生以出仕报国的忠心痴念，对统治者而言也绝对是利大于弊的。

再往广里论，科举的初始内涵和憧憬，就杜绝了“年龄设限”之可能。于大部分出身贫寒的士子而言，或是想摆脱祖祖辈辈居于社会底层的现状，或是满腔热血唯愿报君报国，苦读以备科考都是他们的唯一选择，看似曲折困苦的科考长路，却是等级森严、阶层固化的古代社会唯一的仁慈和博爱。这也就证明了，为何那么多士子会为半生难中的科考，赌上自己的身家性命。于端坐高位的统治者而言，或许有着诸多私心考虑，可他们最终的所思所想，多半也都落于两个字——求才。就是冲着高效地选出真正有用的人才，他们才会抛弃已经成熟和便捷的察举与中正制，非要硬生生地摈除已有势力的阻碍，开掘出新的制度。当然，人才的选拔自然服务于统治，纵然诸多曲折变化，“选贤举能”的追求却始终高挂在历朝历代的治世指针上。只要是才，只要能干，年龄高低，又能有多大影响呢?

再者说，根据研究，在中华选官历程中屹立一千多年的科举制度，早就不只为寒门学子开辟入仕道路这么简单，反而扎扎实实地影响了社会的读书风尚。所谓“五尺童子耻不言文墨焉”，不夸张地说，正是“开科取士”这一招，把很多对前途无望的学子拉回了读书修学的道途上，甚至清朝时，许多不满清人统治甚至念及复辟的士者，看到科考这条路后，同样参与其中，再度回归清廷的怀抱。

试问，对士子而言，有什么鼓励能比亲眼看到百岁老者仍然坚持考试，更加震撼和直接？对朝廷来说，有什么政令和号召，能比让大家目及拄着拐杖、扶着曾孙的手来到考场的老士子，更能鼓舞向学？这也能解释，为何面对连路都走不稳的考生，许多统治者选择的不是不屑和驱逐，反而是重视和厚待。

相传，明末耶稣会士来华，曾专门回国介绍中国的考试；鸦片战争前后，一批英人曾将中国考试文献带回，从而仿效建立一种公职竞争的考试制度。也许，被他们带回国的，不仅是一种名为科举的制度，更是来自东方的智慧、理想、抱负与浪漫。

（文/念缓）

“抽盲盒”式当官：古代官员去哪儿上任，只能随缘吗？

当下流行的盲盒，大家应该都玩过。抽盲盒，给人留下深刻印象的从来就不是盒子里的物品，而是那种不确定性带来的刺激感。

但可能很多人不知道，古代官员上任前，也要先抽个“盲盒”。我们先来看看下面的场景——

某日，晴。

午门外，一群穿戴整齐的进士正面色凝重地望向案台。这些进士寒窗苦读数十载，一路过五关斩六将，今天才有机会站在这里。虽然他们已经获得了功名，但此时，他们不敢有丝毫懈怠。因为一会儿要进行的仪式，对他们而言，将是一场“命运的审判”。

不一会儿，几位官员手抱着几个金筒缓缓走向案台。他们手持的金筒里，装着不少签。

等官员和大学士到齐后，仪式正式开始。案旁的官员从金筒里挨个摸签，第一签在第一个金筒里摸出，上面写着“××府××县”，第二签在第二个金筒里摸出，上面写着“×××，进士”。随后，官员大声唱出摸到的结果。

唱签陆续进行着，被喊到名字的进士们，有的长舒一口气，露出笑容；有的则急得滋滋往外冒汗，面露愁苦。这一群人，神神秘秘又仪式感满满的样子，是在做什么呢？

这是进士们正在抽取自己未来为官的地点！

案台上，一部分签书写的是等待授予官职者的姓名，还有一部分签上写的是官缺（注：古代把职位称为缺，开缺就是职位空缺）。每年到了分差时，吏部官员就会进行这样的抽签仪式。

看到这里，也许你会疑惑，难道古代官员做官的地点都是由抽盲盒决定的吗？

没错，这就是明清用于选官的掣签制度。

追求公平：掣签制度出台

如果你生在古代，想要做一名高级官员，首先要做的，是通过科举获得为官资格。隋唐科举制推行后，古代官员的选拔考试基本在往择优录取、公平竞争的方向行进。

第一步是童试，通过考核后，成功晋级成秀才。

第二步是乡试，通过后将晋级为举人。举人在地方上已经有较高的地位，他们已经可以承担一些地方上的官职。只不过，这些官职都是事务性官职，例如学官这类职位。对当时的读书人来说，这已经是很大的成功了。如果你对做事务性官员不满意，还想做更高级的官员，就要继续参加下一轮的考试。

第三步是会试，通过这次考核，恭喜你就成了贡士。同时，也意味着你拿到了殿试的入场券。

殿试由皇帝主持，考核完成会出排名。“金榜题名”中的张贴在东长安街红墙上的“金榜”就是在殿试之后产生的。

不过，给这些优秀的人才排名不是科举制的最终目的。如何把这些通过科举考核、获得为官资格的优秀人才安排到重要岗位才是更加重要的事情。

究竟应该如何分配这些人呢？

把他们都安排回各自的家乡吗？似乎有点不太平均。因为古代各地的教育水平存在差异，贫瘠之地考上的人员相对较少。况且，古代官员一直有回避制度。官员不仅不能回自己原籍为官，同时他们也不能在原籍方圆五百里内做官。那是由吏部直接命令他们前往某处吗？似乎又有点不太公平。明代前期，吏部在选拔中下级官员时出现了大量暗箱操作的事情。

明万历二十二年（公元1594年），吏部尚书孙丕扬提出掣签选官的方法。“掣签”也就是抽签，抽签意味着机会均等，当时的孙丕扬认为，抽签是一种非常公平的分配官职的方式，它可以杜绝吏部在选派官员时出现行贿和请托现象。这一制度刚刚推行时，受到了很多好评，很多人称赞这位吏部尚书“盛弥无私”。掣签制度的出台是铨选制度的一次重大变革。

清代，吏部继续使用明代的掣签制度分配官员。京官郎中以下的职务大致在每月初五掣签。掣签时候，吏部会邀请很多官员一起围观。相比于明代，清代也有比较特殊的地方。例如，在掣签时，满人官员和汉人官员分开掣签。

与此同时，抽签地点也发生过变化，既有在午门外抽签，也有在天安门外抽签，有时，也会在吏部大堂抽签。之所以选午门、天安门这些地方，主要是考虑到这些场所经常举行一些重大典礼，有威严的感觉。在这样的氛围下掣签，整个选官流程也显得更加公平公正。从职位上看，单月和双月抽的官职有不同，单月主要是转、调、改等班次，双月则主要抽的是除和升等的班次。

抽完签，再经过几次严密审核，官员们就可以拿着赴任的凭证高高兴兴上任了。但是，掣签制度真的就能保证公平了吗？

事与愿违，吏部改名“签部”

上有政策，下有对策。虽然掣签制度的本意是为了公平，但制度推行过程中，还是产生了一些事与愿违的现象。直接请求官职看来是行不通了，一些人开始琢磨，怎么才能提高抽到“肥缺”的概率呢？因此，你会看到在掣签制度实行过程中，作弊现象时有发生。

据明代笔记记载，当时有些人会在抽签前买通胥吏，贿赂选官人员。抽签前几天，负责选官人员会偷偷溜到火房中，给抽签当日使用的牙签做标记。于是，在选官当日，你会看到这样的场景——金筒里，插的牙签长短、大小、厚薄都不相同。正式抽签时，这些官员表面上看正襟危坐，随机选签，匹配官职。但实际上，他们在心中早就有了一本名单，谁是肥缺，谁是中缺，他们早已“心中有数”。

> 选司官每遇大选前二三日，辄扃其火房，手自粘贴地方，暗标高下，以至签之长短、大小、厚薄，靡

不各藏隐谜。书办辈亦不得与闻，名曰做签。公然告人，不以为讳。

——明·沈德符《万历野获编》

有意思的是，虽然这些官员给牙签做了标记，但是官员们也有犯迷糊拿错的时候。比如，本来应该给小张安排A县，但因为官员失误，摸到了B县的签。场面一度十分尴尬，随后，令人瞠目结舌的一幕发生了：负责抽签的人员，居然面不改色地放回刚刚失误摸到的签。他淡定地摸出一签，这回该是A县了吧？哎呀，糟糕，还是错的。于是，这位官员又默默放回去了，仿佛什么都没有发生过。只要你不尴尬，尴尬的一定是别人。

深呼吸，重新抽。

古代吏部选官的现场经常会出现一换、二换、三换的场面。如果下面有人提出质疑，不仅质疑无效，还会受到吏部官员的责骂。

以上是根据明代《万历野获编》复原出的场景，也许有一点点夸张。但是，明清掣签的过程中确实存在大量作弊现象。明代时，常常有官员站出来指责这个制度。也是，这样的抽签哪有公平可言呢？当时有人讥讽吏部，这明明就是“签部”嘛！

人地不相宜，效率堪忧

除选拔官员的过程走后门现象时有发生外，掣签制度还伴随着另一个更大的问题——不能为官择人。因为抽签全凭运气，所以经常会出现人地不相宜的情况。有时，吏部迫于无奈，只能再调换官职。这些都在一定程度上影响了行政效率。

孙丕扬提出掣签制度后，一位陕西的老明经就体验了一次忧伤的掣签。

老明经从小在西北内陆地区长大，他本人其实不太想到江南那些情形复杂的地方为官的，毕竟也不熟悉地方民情嘛，而且路程很远，前往不便。但好巧不巧，他就抽中了浙江杭州府的职位。看到这个结果后，他十分恐惧，颤抖着手请求孙大人免去他这个官职。这让孙丕扬十分生气，怎么可以这么不给面子！

孙丕扬当场怒斥这位老明经，如果你不遵从抽签结果，“首挠吾法”，那就要把你治罪！于是，这位老明经只能垂头丧气地接受这个结果，默默擦去眼泪，背井离乡，一路奔波，前往杭州。等他到任后，因为首县刑官需要解决各种复杂问题，老明经能力平平，又不熟悉地方环境，在岗位中也没能做出什么成绩。最后实在没有办法，吏部只能调走这个陕西老明经，找了个浙江本地人去干这个职务。

> 其时有一陕西老明经，以推官掣得浙江杭州府，震栗求免。富平公大怒，谓若敢以乡曲私情，首挠吾法，叱令送法司治罪。其人抆泪而出。比抵任，则首郡刑官，百责所萃，果不克展布。抚按为题一浙东甲科，互相更调。
>
> ——明 · 沈德符《万历野获编》

老明经这类事情发生后，掣签制度也作出了一些改变。为了提高掣签的有效性，明代后来将抽做官地点分北五省、中五省、南五省，分别将相应的牙签归于北、中、南三个筒中。如果南北的官缺不够平均，中签可以起调停的作用。同时，人才也被分为三等，抽签时抽和他们能力匹配的官缺。相较最初的抽签来说，这样的做法能在一定程度上缓和人才与地域不匹配的问题。

再后来，为了更好地将官员分配到合适的地方，签筒数量又做了更改，分为东北、东南、西北、西南四个筒。尽管已经做了调整，但难免还是会遇到难以调和做官地点的情况。当时就有官员发问，“若不酌水土之宜，不量道里之远近，以极北之人选之云贵，以极南之人选于甘肃，于人情堪乎之？”

一时间，争议此起彼伏。批评者认为，掣签不能有效兼顾人才能力，肥差美缺，地方繁简这些情况，“吏部大选掣签，与会典选法背戾，以至人地不宜”。在他们看来，将官员的命运交给掣签筒的做法，实在是离谱！

不过，尽管掣签制度存在争议，它还是延续到了清代。同时，清政府还将其进一步规范化，如增加“监掣”、程序更加透明等。

为了尽量避免掣签制度出现人地不相宜的情况，清代也想了一些其他的选官方式。在清代，一些特殊地方的官缺（苗疆缺、烟瘴缺等），还有京官的某些官缺不用掣签方式授予，而是由衙门或督抚人题请补授。这在一定程度上缓和了掣签制度无法量才授官的弊病。

随着清朝的灭亡，掣签制度也消弭于历史长河之中。

选官用人本就应该从地方实际需求与官员自身能力出发进行综合考量。掣签制度不仅将“准官员”的命运交由签筒决定，同时也将一方百姓的安宁交由签筒决定，着实有些“简单粗暴”了。

毕竟，抽盲盒只能偶尔抽到一时惊喜，想要抽出官员一展抱负的平台，不太可能，也不现实。

（文 / 梦缘）

“座主”和“同年”：金榜题名附带的政治资源

如今大众对国军部队中的称呼有这么个印象，什么委座、军座、师座、团座……层出不穷。其实，“座”可以是下级对上级的尊称，也可能是对没有隶属关系的人的敬辞。若追根溯源的话，“座”这一概念作为尊称还是因为科举的关系，唐代进士称主考官为“座主”。到了明清，亦称为“座师”，自称门生或弟子。

中国是一个人情社会，科举考试固然有其公平性，但其开创之初，主考官还是有着很大自由裁量权的，唐代主考官从命题阅卷，到斟酌取舍、排定名次，基本上由其一人说了算。当时没有糊名，还有通榜制度，所以被录取的考生自然要感谢有司的知遇之恩。加之科举后的一系列活动，更强化了座主与门生以及同年之间的这层关系。宋以后，随着科举制度的不断完善，考卷面前人人平等也并非不可能，但这个传统还是延续了下来，这层关系亦成为考生进入官场重要的政治资源。

进士忘主考之恩者，非人也

古代科举主考官即知贡举，即“特命主掌贡举考试”之意。

唐代科举初创，还保留有举荐制的残余。唐代特有的通榜制就相当于考试和举荐相结合，科举考试之前，主考官根据社会名流、达官显贵、亲戚朋友的推荐预先初步确定录取的名单，因此，考生需要在考试前将平常的代表性作品交给主考官，或者通过主考官亲戚好友推荐，即所谓“行卷”。唐朝的行卷之风非常盛行。大诗人王维、白居易都投递过行卷。这两位毕竟还是有真才实学的，还有不少举子偷窃抄袭别人的好诗文以上位。市面上甚至有人将往届举子们的诗文汇编成行卷出售。《唐诗纪事》中记载，杨衡在隐居时，有人偷了他的诗文去应试而登第。杨衡知道后非常气愤，第二年他也去应试。及第后，他见到了这个人，便气愤地问他：“一一鹤声飞上天在否？”这人回答说：“此句知兄最惜，不敢偷。”杨衡见他如此说，自己倒乐了：“犹可恕也。”

所以，在唐代，士子及第与否主要取决于主考官。知贡举的取舍标准很大程度上是在考生的名气、才能、后台等各种因素间找平衡，因此，知贡举对举子的命运最为攸关。一旦举子及第，对知贡举主司的感激之情定是无以言表。柳宗元在给座主顾少连之子的信中说：“凡号门生而不知恩之所自者，非人也。”所以写感恩座主的诗，对进士来说是标准动作。如裴贽在公元891年知贡举，录取了屡试不第的诗人杜荀鹤，杜就赋诗曰：“一饭尚怀感，况攀高桂枝。此恩无处报，故国远归时。只恐兵戈隔，再趋门馆迟。茅堂拜亲后，特地泪双垂。”

就连在贞元四年、五年，因滥举而被贬官的刘太真，死后其门生仍感其提拔之恩。其门生裴度《刘府君神道碑铭并序》一文亦充斥着“被蒙简拔，附丽墙宇”“永为泣拜”等感激之词。还有的门生发达之后，对座主的仕途升迁施以奥援。令狐峘在德宗年间曾任知贡举，恰逢放榜那天被贬官，考生们来不及举行拜见座主之礼。令狐峘后贬衢州，其进士门生田敦正在此地任刺史，他不仅前往补行门生拜见座主之礼仪，每月还拿出一半俸禄孝敬座主。

据学者吴宗国研究，进士及第后参拜座主，在大历（唐代宗年号）时已经成为一种习惯的仪式。整个仪式包括拜见座主谢恩、中书省“过堂”（拜谒宰相）和宴请座主等，接着还有曲江宴游、雁塔题名等一系列庆贺活动。拜见座主谢恩，就是每年放榜后，及第举人专程至主司宅，感谢座主的擢拔之恩。谢恩时，主司还会逐个告知某个举子是哪位官员举荐的，哪些是主考官慧眼识才破格录取的。与其说这是为了显示主司的公正，不如说就是在暗示门生不要忘本。谢恩时还有“诸郎君叙中外”的环节，门生常借此与座主套近乎，攀亲戚。据《唐语林》记载，新进士拜见座主时，自状元以下要逐个自我介绍。有的说：“我是座主的外氏（外祖父母）某家”，有人自称外甥，有人自称表弟。还有说是“大外氏某家”“外大外氏某家”，有人自称重表弟，有人自称表外甥。有的按辈分是座主的族叔，反而自称族侄。更可笑的是，有些来自海之东、岭之南的外族，也都与中原人士叙起了中表（表亲关系）。

科举名利场

谢恩后接着举办各种名目的宴会，首先要宴请座主，算是“谢师宴”。所需费用由门生自行商定凑齐，为此一些寒门出身的进士往往要为之举债。在宴会上，门生往往要向座主献诗，长相英俊的还要选出两名探花郎。此处的“探花”与考试名次无关。唐朝公布皇榜之后，会举行一种庆典活动叫“探花宴”。此外，新进士参谒宰相，也是由座主率领，亦有酒宴安排。这之后就是整个庆祝的最高潮——曲江宴。

曲江又名曲江池，故址在今西安城南五公里处，最早为汉武帝时凿成，隋唐时又有扩大，方圆十余公里。这是京城长安风光最美的开放式园林。按唐制，进士考试在秋季进行，发榜则在次年春天。这时长安正是春风轻拂、百花盛开的季节，新科进士应邀赴曲江御苑受皇帝赐宴。宴会之日，新科进士一边饮美酒，一边品佳肴。有的携带乐工舞伎泛舟饮酒，有的则脱冠摘履、解衣露体于草地上“颠饮”。

通过这一系列活动，新进士们的心情正如孟郊及第后诗云“春风得意马蹄疾，一日看尽长安花”。而在春风得意的同时，也在不断强化包括“座主”和“同年”的身份认同。进士放榜后座主门生之间的各项聚会名目繁多，时间也从正月延续到四五月份，长达半年之久，在饭局中大家不仅尽情联欢，而且毫不顾忌行为举止。这些活动使得同年和座主门生之间有足够的时间和机会相互熟悉，培养情感，方便日后在仕途中相互提携、援引。中晚唐新及第进士组饭局的热情高涨，多以筹办宴会为己任，以至于宴集活动渐趋侈靡。五代时，有的政权为了限制及第进士的吃喝活动，只允许曲江宴和关宴等少数活动，并适当地承担组局费用。

唐代以后，虽然座主在录取考生的权力上有所下降，但这种习俗还是延续了下来，及第考生仍然对座主的知遇之恩感激不尽，如久困科场的归有光就认为："夫士以一日之相遇，而定其终身之分……予久困于试，而特为先生之所识拔，其感恩宜倍于寻常。"明万历进士谢肇淛也同样认为："拜主司为门生，自唐以来然矣！……士为知己者死，执弟子礼非过也。"明隆庆元年（公元1567年），高拱在与徐阶的斗争中落败被罢逐，只有其门生吴兑冒着政治风险送至潞河，"舟中握手，垂泣而别"。曾官至内阁首辅的李东阳为官两袖清风，去世后居然无钱治丧，其后事主要由其门生集资办理。

同样，座主对门生通常也待之如亲人，《说郛》卷40《先公谈录》记载，座主王仁裕之夫人为门生亲自烹调美物，并亲手递给门生享用，"甚于慈母之亲婴儿"，足见座主门生关系之密切。座主也会为门生"延誉"，以扩大其积极影响。同进士出身的曾国藩之所以飞黄腾达，离不开其座师穆彰阿的奖掖、提携。

门生也是一种投资

前文所述门生田敦在座主令狐峘穷困之际不以势利待人，堪称尊师重道、敦厚君子的典范，但因为科举考试对考生有巨大的利害关系，而及第的考生又是官场的后备人才，所以"座主"与

“门生”的关系就远非一方有识人之才，一方谢知遇之恩那么简单了。一些功利因素的加入使得师生关系不可能那么单纯。晚唐李冗《独异志》中，崔群将其所录30余名门生视为“美庄良田”，把其看作一种投资，当然是希望有回报。唐僖宗乾符二年（公元875年），当年会试的主考官崔沆录取了一名叫崔瀣的考生。按习俗，发榜后门生要去拜访座主。崔沆作为座主，见到这位与自己同姓的门生，显得格外高兴。巧合的是，“沆”“瀣”二字合起来是一个词，表示夜间的水气、雾露，于是，有人便编了一句话：“座主门生，沆瀣一气。”开成四年（公年839年）崔蠡知贡举，因宗人崔某愿意出资为其解燃眉之急，作为回报，就将崔某选为状元。这种公器私用的行为可谓“座主门生，沆瀣一气”的注脚。

在现实情况中，门生寄希望于座主的支持，从而飞黄腾达；而座主也期待着有更多门生在自己的协助下在朝廷中有一足之地，成为自己的同僚，扩大和巩固政治基础，提升自身的政治实力，更加得到朝廷的重视，这种现象非常普遍。在古代，历代统治者所头疼的朋党问题的背后，就有师生关系的影子。

晚唐最大的朋党是“牛李党争”，而牛党便是由座主门生及同年关系缔结而成。其首领牛僧孺、李宗闵、杨嗣复都是权德舆的门生。牛僧孺当宰相后，又让杨嗣复知贡举，录取门生68人，后来多至高官，培植壮大了势力。牛、李两党势同水火，在朝廷上此消彼长，相互争衡达40年之久，导致中唐政局日益衰败。在会昌三年（公元843年），宰相李德裕奏请期集、谢恩、参谒宰相、曲江宴、慈恩塔题名等宴集活动给予停废，仅允许小范围内的同年聚会。唐武宗降敕批准。但四年之后李德裕被贬，一切又“悉复旧态”。

唐宣宗、唐懿宗时，开始出现“敕赐及第”，开了“天子门生”的先例。五代后唐时，朝廷再次明令限制举子与主司互称座主、门生，并由朝廷出资举办曲江宴，禁止门生宴请座主，目的是淡化座主门生的固有观念。直到北宋初年，宋太祖在礼部试后增加殿试，将最终取士权由礼部收回，及第进士全部成为“天子门生”，要感恩也是“浩荡皇恩”。虽然宋、清两代都曾对座主门生的关系申以禁令，与唐五代相比，后世的座主已风光不再，但座主门生在科场的徇私从未绝迹，在官场的相互依附仍旧存在。

朋比误国

明代的座主，一般都是皇帝的股肱大臣。如解缙、方孝孺、杨士奇、杨廷和、夏言、严嵩、徐阶、高拱等内阁大臣，都曾担任过会试的主考官。他们一旦掌握大权，便会提携重用自己的门生。隆庆三年（公元1569年），二度入阁的高拱大肆提拔自己的门生，“多改其门生为部属大理者悉以为给事、御史”，其铨选之任意，“自刘瑾乱政时一行之，数十年所未有也”。座主门生互为奥援，甚至“朋比误国”，成为明末政治日益腐败、党争日趋激烈并最终走向灭亡的重要原因之一。

崇祯八年（公元1635年）正月，李自成领导的农民起义军“陷凤阳、毁皇陵”，凤阳巡抚杨一鹏本应承担失职之罪。但时任阁臣王应熊为杨一鹏门生，竟扣留奏疏未上，面对朝臣质疑，他公然声称“座主、门生，谊不容薄，敢辞比之名！”天启元年（公元1621年），后金相继攻陷沈阳、辽阳。为加强辽西防御，明廷擢王化贞为右佥都御史巡抚广宁，但其很快就与辽东经略熊廷弼发生矛盾。王化贞不懂军事，不整饬军队，不做进攻的实际准备，而把恢复辽、沈的希望寄托于蒙古林丹汗的出兵和叛将李永芳的内应。熊廷弼反对王化贞的这些做法，从而经抚之间不和。王化贞是首辅叶向高的门生，从而受到兵部尚书张鹤鸣的积极支持，对王化贞所请无不从，而熊廷弼则处处遭到张鹤鸣的钳制和反对。结果王化贞拥兵14万，而熊廷弼身边只有5000兵。熊廷弼要兵无兵，要权无权。在天启二年（公元1622年）正月，后金进攻广宁，明军全线崩溃，王化贞、熊廷弼皆因此被处死。关于此事，乾隆也发出感慨：“师生门户之害人家国，如此之甚，岂不可畏哉！”

不过门生与座主之间因利益驱使，这艘友谊的小船也是说翻就翻。如唐咸通五年（公元864年）登第的韦保衡，因当了驸马而官运亨通，恃恩弄权，排斥异己，连座主王铎也不例外。但要说起师生间相互发生龃龉，最典型的还是张居正和其门生刘台。

刘台是隆庆五年的进士，那一年的主考官正是张居正。张居正于隆庆六年（公元1572年）六月当上内阁首辅，便提拔刘台由六品刑部主事升任四品监察御史巡按辽东。万历三年（公元1575年）秋天，辽东总兵李成梁对蒙古作战取得胜利，刘台抢先向朝廷奏捷。按规矩，奏捷之事应由巡抚和总兵联合上疏，巡按没有奏捷的权力。刘台出于私心上奏，有邀功之嫌。张居正便去信将刘台训斥一顿。没想到刘台不知是哪根筋搭错了线，居然因此写了一道弹劾张居正的奏章。说什么大学士张居正不顾祖法，俨然以宰相自居，并列出了张居正“擅威福”的五条罪状。当时权势熏天的张居正哪受过这样的羞辱，当即便向皇上写了辞呈，说“我朝开国以来，未有门生弹劾座主，臣深感羞耻，唯有去职以表明心迹”，万历皇帝当然不会让张居正辞官，而是下旨着锦衣卫将刘台押解进京，逐回老家，削职为民。当时很多人为巴结张居正，又编织罪名，再将刘台流徙充军到偏远的贵州都匀卫。万历十年，当张居正病死在任上的当天，刘台也在流徙地病死。

“同年会”

与座主相伴生的就是“同年”，同年就是科举时代称同榜或同一年考中者，同年之间互称“年兄”。在此基础上还衍生出“年叔”“年丈”。如果关系更近一层，若是一个考试屋里考上的，就称“房兄”。

唐代进士放榜后参加座主门生之间的各项社交活动，在不断强化“座主”身份之外，还加强了“同年”的身份认同。若师生之间的宴会，其行为举止还有一定顾忌的话，同年聚会则是毫无忌讳，就连青楼，也要凑钱相约而去。长达半年之久的各类活动使得同年之间有足够的时间和机会相互熟悉，增进情感。《旧唐书》记载，在镇压黄巢起义时，郑畋与同年进士郑从谠联合，“断贼首尾，逆徒名为‘二郑’，国威复振”。在战场上，同年情谊发挥了重要作用。

宋之后都是“天子门生”，所以庆祝活动主要是皇帝所赐之闻喜宴，宋代是琼林宴，元、明、清称恩荣宴。这些同年聚会活动为来自五湖四海的新科进士们提供了交流的机会，为日后在仕途中相互提携、创造提供了条件。

唐代，在曲江宴会后，同年进士们还要到慈恩寺大雁塔题名留念，谓之题名会。他们先各在一张方格纸上书写自己的姓名、籍贯，并推举其中书法出众者，作文一篇以记此盛事。然后交与专职石匠，刻在大雁塔的石砖上。白居易27岁时进士及第，在同时考中的17人中最为年轻，得意之余挥毫写道：“慈恩塔下题名处，十七人中最少年。”题名的目的固然在于相互标榜，以志纪念，同时也为同年日后交往提供了依据。唐宋以来，历代沿袭不衰，逐渐演变为由朝廷统一勒石题名的官方行为。

不过，琼林宴与曲江宴相比，影响要小得多。这一方面由于北宋录取进士人数远远超过唐代，随着进士科的膨胀与及第难度的降低，唐代有“白衣卿相”之称的进士不再万人瞩目，为庆贺及第的琼林宴的影响也大大减小。另一方面，宋惩唐弊，严防朋党，包括同年结党在内的曾对唐代党争起过推动作用的各种因素在宋初遭到禁止，如针对唐代师生结党的现象，宋初禁止考生称考官为恩门、座主，稍后又实行殿试制度，由皇帝亲自掌握进士的录取权，及第者为天子门生。对于容易导致同年结党的各种聚会活动，也加以限制。

不过这并不影响宋代“同年”的观念。唐时每科取士少，同年进士间的聚会并不多见，北宋是进士科大发展的时期，每科动辄数百人，加之时人尤喜交游，所以官办宴会之外，同年私下聚会的现象十分普遍。及第后，同年们各奔前程，动辄相距数千里，很少有机会组织庞大的同年会，因而同年私会的规模较小，一般少则三五人，多则十数人。

司马光与范镇为同年挚友，一生所见略同，神宗元丰初，司马光在洛阳修《资治通鉴》，范镇时退居许昌，不顾病老之身，只身前往洛阳与司马光相会，司马光陪其遍览洛中山水名胜，极欢而散，同年手足之谊，于此可见。

“一起考过试”的铁关系

人海茫茫，宦海无涯，同年自及第后便各奔前程，古代社会交通不便、通信手段落后，同年之间无法保持持久的联系，许多人及第后数十年难得一见，如苏轼于元丰七年（公元1084年）给同年王琦的信中称：“榜下一别，遂至今矣。”苏轼与王琦于宋仁宗嘉祐二年（公元1057年）及第，相隔27年方得再会。然一旦他乡偶遇，重叙榜同之旧，以至感人肺腑。如祖无择与沈逊同登仁宗宝元元年（公元1038年）榜，后相逢于金陵，对饮唱和，感慨良多，祖无择作诗曰：“数载天涯别，年来不定居。扁舟忽相值，孤抱信何如。……淡薄市桥酒，鲜肥江岸鱼。可来同饮食，勿笑此萧疏。”沈逊也作诗相和。两人分别数载，一旦相遇，各抒情怀，道别后情景，唱和论交，会饮尽欢。

当然，同年也是结成利益关系、攻守同盟的一道桥梁。唐代令狐楚与皇甫镈、萧俛同年及第（贞元七年，即公元791年）。元和九年（公元814年），皇甫镈得到皇帝宠信后，便举荐萧俛、令狐楚进入翰林院。皇甫镈当宰相后，又援引令狐楚为中书侍郎、同平章事，鉴于引荐之恩，令狐楚成为皇甫镈朝堂上得力的助手，两人又共同引荐同年萧俛。宪宗去世后，皇甫镈遭众怒，幸亏有宰相萧俛的保护才免于一死。三人互相援引，共同与当时的裴度集团斗争，在政局中保有一席之地。

同年互为援引，但有时也会授人以口实。吕夷简为宋代名相之一，功劳不小，但其权力欲也非常强。我国台湾当代学者王德毅就说："吕夷简虽有才干智略，而为人有失忠厚，其权力欲望又最强烈，摒挤同僚，独专中书事，而又厌恶言官抨击，将攻讦他的人一一放逐。"宋庠是宋朝天圣二年（公元1024年）状元，颇受仁宗眷顾，庆历初，任参知政事，吕夷简感到威胁，于是想到了一个排挤宋庠的方法，即"同年党"。

宋庠、叶清臣、郑戬分别为宋朝天圣二年榜的第一、第二及第三名。仁宗庆历初，宋庠任参知政事，郑戬为枢密副使，叶清臣为三司使，他们与名列第十的宋祁（宋庠的弟弟）关系密切，号为"四友"。于是吕夷简便以同年朋党作为排挤他们的工具。

熟谙权谋的吕夷简深知，仁宗最忌讳的就是朋党。虽然二宋、郑、叶之间的交往与政治关联不多，不过他们同年及第的经历给这种密切的交游活动蒙上了一层政治色彩。吕夷简先使人在京城散布谣言，称宋庠尝作诗谓"天下文章惟独我，榜中龙虎更无人”，使二宋、郑、叶的同年关系引起了仁宗的注意，然后顺理成章地将他们以朋党之名逐出朝廷。

科考“大年”

或许有人会从宋庠的例子中看到天圣二年进士的不同凡响之处，的确历史上存在着一些非常厉害的同年关系，即所谓的科考“大年”。在科举历史上，最星光闪耀的一年非宋嘉祐二年莫属，苏轼、苏辙、张载、程颢、吕大钧、曾巩、曾布、吕惠卿、章惇、王韶……而这一年的知贡举是欧阳修。欧阳修是在天圣八年（公元1030年）中举，他的同年进士有石介和蔡襄；唐贞元八年（公元792年）的进士，后来位至宰相者就有王涯、崔群、李绛，而韩愈、冯宿、温商、庾承宣等人也成为朝廷政要；宋庆历二年（公元1042年），王安石以进士第四名及第，当熙宁三年（公元1070年）他任宰相实行变法时，其团队的小伙伴，官拜参知政事（副相）的就是他的同年进士王珪（第二名）和韩绛（第三名）；清乾隆十九年（公元1754年），王鸣盛、纪昀、钱大昕三位著名学者同时出现在进士榜单中。

包拯是宋仁宗天圣五年（公元1027年）进士，他高中当年进士甲科前30名。这一年也是名副其实的科考“大年”，与包拯同年登第者1418人，其中官至宰执者就多达7人：王尧臣、韩琦、吴育、包拯、赵概、文彦博、吴奎，其余还有宰相王旦的儿子王素、官至御史中丞的鱼周询等。

历史上，包拯是集忠、孝、仁、义、智、勇、廉、节于一身的正面典型，他铁面无私、不阿权贵、犯颜直谏、不畏皇权，面对同僚更是“严毅不恕，朝列有过，必须弹击”。包拯一生历任开封知府、三司使、御史中丞、枢密副使等要职，他出仕26年间（1037—1062）迁官25次，平均1年左右即升迁1次。甚至在受到弹劾的情况下还能不断地迁官加职，杨高凡在《包拯及其与同年关系论略》(《首都师范大学学报》2015年第2期）一文中揭示了其中的原因，除包拯的能力和宋仁宗的爱才偏袒之外，还有一个重要原因就是其同年的襄助。

包拯在宋仁宗朝先后担任监察御史里行、监察御史、知谏院、御史中丞等台谏官，弹劾过中央要员，如“国丈”张尧佐、宰相宋庠、三司使宋祁与张方平等；也曾揭发过地方贪官酷吏，如王逵等人。但是若看一下他所怼的官员名单，却很少有其同年，尤其是后来仕途上十分显赫者。而且，他与两位宰相韩琦、文彦博间关系非同一般。包拯与文彦博两个家族交往很深，两人不仅是世交、同年，后更晋级为儿女亲家的关系。包拯的次子包绶续娶文彦博季女。他与韩琦也是私交极好，相互支持。

嘉祐四年（公元1059年）三月，翰林学士欧阳修上奏说，包拯“常自至中书，诟责宰相，指陈前三司使张方平过失，怒宰相不早罢之”。按宋制，禁止台谏官与宰相来往，更不可直接到宰相府“诟责宰相”，但当时的宰相正是韩琦。这年七月，包拯负责的三司发生两起“兵变”，仁宗下诏调查，负责调查的胡宿认为这两起群体事件与三司使包拯疏于管理有关，应该负连带责任。但结果，包拯不但未受任何影响，反而在事隔一年多后，即嘉祐六年（公元1061年）四月，晋升为枢密副使，跻身执政行列。

所以，杨高凡认为，包拯一生关键的晋升，皆与他的两位高官同年密切相关。嘉祐三年六月以前，两次为相的文彦博帮助最大。嘉祐三年六月以后，包拯的所有升迁和化险为夷，均与宰相韩琦扶植、庇护息息相关。而包拯也在配合同年高官巩固权位、铲除异己中发挥了应有的作用。自宋仁宗至和二年（公元1055年）六月至宋英宗治平四年（公元1067年）七月长达12年间，宰辅大权由天圣五年同年群体联合操持。幸运的是，这一群体按古人的标准，基本上属于“君子”，能力突出、忧国忧民，以国事为上，为宋仁宗晚年、宋英宗朝乃至宋神宗初年的平稳过渡和社会发展作了应有的贡献。

（文/黄金生）

状元又如何？科举顶点之后的人生

无望随着头顶的乌云一起涌上缪彤的心头，他和其他154个人一起恭立在太和殿前的广场上，感受着微雨淋在身上的丝丝凉意。两天前，缪彤和站在身边的这些人一起参加了帝国科举考试的最高一阶殿试的考试。这一天是1667年4月14日，康熙皇帝在位第六年的三月廿二日。缪彤，这位从前明开始就热衷功名的考生，已经在科场上蹭蹬多年，先后五次进京赶考，如今他已年届不惑，痛感自己体力已衰，神明不再，在会试前，他甚至向京师寓所报国寺殿前的古松默祝暗誓，倘使“今科不中，以后不作进取想，竟与松长别矣”。

如今，他考中会试，进入殿试，已经自觉是天大的福分，不敢再做其他非分妄想。更何况在前一天，街巷中已经宣传某人是状元，某人是榜眼，某人是探花，这些真假难辨的人名中，没有一个是缪彤的名字。他觉得自己不过是队列中即将位列三鼎甲的三位新科魁首的陪衬，跟着众人随班行礼而已。

因此，当他听到丹墀上的传制官高声唱出一甲第一名是自己的名字时，第一反应是怔住了，尽管每唱一名之后都会鼓乐良久，但是他仍然怀疑自己听错了。他仍然僵直地恭立在雨中，直到他的腋下感到一股提拉的力量，他才回过神来，那是一名礼部官员正拉着他出班叩谢天恩，而此时，传制官已经高唱第二名张玉裁的名字了。因为这个原因，纠仪御史在第二天特意参劾传制官“第一名缪彤未跪，即唱第二名张玉裁，传制官应听处分”。

为了自己的状元名号，竟然连累了传制官受罚，这让缪彤心中深感愧疚。不过这场绝对的意外之喜已经容不得太多的犹豫和愧疚的心态，缪彤所应做的就是履行新科状元的一系列职责：跟随礼部堂上官捧着写有155名进士姓名的黄榜从御道出来，跪着安放在龙亭里，然后由鼓乐先导迎迓到东长安门前张挂，黄榜上最醒目也最靠前的名字，自然就是“缪彤”两个字。

在接下来的日子里，新科状元的荣耀一直包围着缪彤，他要和榜眼、探花一起，在威严热烈的仪仗簇拥下前往顺天府赴宴。作为新科状元，他的位阶甚至比主管京师全城治安的顺天府尹还要高，后者要躬亲陪宴，而他则坐在正席享受贺宴的一道道酒食。席终，顺天府尹和府丞还要亲自送缪彤和榜眼、探花一起回寓。

虽然在按照旧例请前科状元代拟谢恩表时遇到了一点周折，这应该是这位意想不到的状元不谙熟官场规则所致，但不久之后，自然会有宦海中人对这位官场新手一一指点。不过，如今正是春风得意之时，这位新科状元正陶醉在皇帝御赐恩荣宴的备极荣宠之中。皇帝亲遣内大臣佟国舅陪宴，“用满洲桌银盘果品，食物四十余品，皆奇珍异味，极天厨之馔。御赐酒，三鼎甲用金碗，随其量尽醉无算”。在宴会上，缪彤还得到了皇帝恩赐的镌有“恩荣宴”三字的小银牌一方和一枝宫花，而其他进士却只有一方绢牌。

七天后，最辉煌的时刻到来，缪彤在午门外被赐予“水晶凉帽一顶，镶蟒石青朝衣一件，玳瑁银带一条，荷包、牙筒、刀子俱全，马皮靴一双”——这意味着他已经成为帝国的正式官员。他即刻更换顶戴朝服，手捧谢恩表，率领154名进士一起跪在丹墀下，以三跪九叩之礼感谢皇帝天恩浩瀚。尽管缪彤已经位列人臣，而且跪在前列，但他仍然无法看清禁宫深处九重阶陛下皇帝那张年轻而稚嫩的脸。

成为状元之后：荣显百无一，平庸十八九

“席散归寓，放假三日，然后进馆读书”。

缪彤用这句干涩的叙述作为自己状元回忆的结尾。在御前谢恩之后，缪彤依照惯例被授予秘书院修撰这一从六品官职，正式进入官僚序列，选为庶吉士，赴翰林院拜见老师，学习为官之道和文字规矩。此时距离他在金殿前被唱名为状元那个瞬间已经过去了两月有余，新科状元最初的荣宠和旁人艳羡的目光已经随着时间消散，化为官场中循规蹈矩的日常。

尽管缪彤将这段状元荣宠的美好记忆细腻详尽地写在他的《胪传纪事》中，但从某种意义上说，这也是他一生荣耀的巅峰——倘使不是留下了《胪传纪事》这本后世科举学研究的重要史料，缪彤这个名字很可能会被遗忘在历史的尘埃中，他没有推出哪项大政方针对历史产生了重要影响，没有做出任何惊世骇

俗的丰功伟绩，当然，他更没有像戏文里描写的那样，皇帝将某个公主下嫁给他——皇帝那一年只有12岁，公主对他来说还是很遥远的事。缪彤本人虽然热衷功名，但当功名真正属意于他时，他却又总能巧妙地避开它的垂青。他短暂地升任为侍读学士，在1670年的会试中担任同考官，但他的仕途总在政坛的冷淡处徘徊，不到十年，他选择了辞官归隐，闭门不问世事。

在南方的三藩之乱沸反盈天，朝中权臣党争倾轧，庄氏史案的文字狱阴影仍然笼罩江南士子头上的康熙初年，曾为状元的缪彤做出这样的选择不能不说是明哲保身之举。不过揆诸史料就会发现，这也是绝大多数状元的命运。

从唐代武德元年孙伏伽成为唐代第一科状元开始，到清末1904年最后一次殿试刘春霖成为末代状元为止，根据现存史料统计，一共出现过591名状元。但除其中少数青史留名的人物之外，绝大多数状元都籍籍无名。

唐代有记载的146名状元中，至今耳熟能详的就只有李昂、王维、柳公权这三位文豪诗杰和书法家，其他人的名字都只在雁塔碑林留下一个模糊不清的刻痕而已。宋代以右文左武著称，虽然不少名臣文豪都出身科举，但点数118名状元，名留后世的也就只有吕蒙正、陈尧叟、王曾、王尧臣、李迪、黄裳、吴潜、文天祥等数人而已。我们所熟知的唐宋八大家，无一人是状元。而唐宋两代将近300名状元中，绝大多数文事平平，似乎科举一役，已经耗干了他们所有的才华，以至于状元反而成了他们一生中最闪耀的一点，旋即就化为流星被历史的大气层燃成灰烬。

不仅状元们用以起家的文事难以经历时间的磨砺，就连他们通过考试后应该踏足的官场，似乎也没有因为其状元的特殊身份而变成通衢大道。一般来说，状元的起点会比其他进士高出很多。宋人《儒林公议》即称“状元登第，不十余年，皆望柄用。每殿试传胪第一，则公卿以下，无不耸视，虽至尊亦注视焉”。宋代状元“官授承事郎职，除上郡签判”，如遇皇上登基之类的“龙飞年份”，“则三魁黄甲及其余进士皆倍加恩例……状元可除下郡通判”。《东轩笔录》所谓“状元试三场，一生吃着不尽”，《宜斋野乘》中“五百人中第一仙，等闲平步上青天”。到了明代，状元例授翰林院修撰的从六品职衔，留馆学习三年后，优秀者可以出任各部给事中、主事或御史，或外放州县任职。可以说仕途比杂佐入流或是举人入仕走得更加便捷。从理论上说，身居高位的可能性，也应该比其他进士更高。

然而当仔细审视历代登科记的人名时，就会发现，这些喜气洋洋的赞誉更多只是出于一种缺乏数据统计的美好想象。明代以名臣著称于世，在有明一代90名状元中，诞生的名臣屈指数来，却只有曾棨、商辂、顾鼎臣、杨慎、焦竑、文震孟、周延儒等人。清代的114名状元中，官位累至一品的达20人之多，但如果细数，就会发现，其中声名赫赫的就只有于敏中、毕沅、王杰、翁同龢、孙家鼐、陆润庠和张謇。但陆润庠的名声并非靠状元之后的宦绩，而是靠京津等地百年老店的众口相传——晚清之际的商铺以求得这位状元郎的墨宝作为匾额为荣。至于张謇，他早已绝迹宦途，而注重实业。状元只是为他的传奇人生加上一顶微不足道的光环而已。状元这个名头对那些真正有才干的人来说，并不重要。

因此，尽管状元中确实能够涌现出一些不世之材或是名臣贤相，但是如果真的计算百分比的话，那么这些佼佼者在591名状元里，仅占4%不到。而绝大多数状元的事迹也难以与他们同科进士中的文豪名臣相提并论。唐开耀二年（公元682年）状元许且在史书上几乎没有留下痕迹，可是与他同年的进士之一就是初唐四杰之一的陈子昂。贞元八年状元贾棱同样籍籍无名，但是他的同科进士韩愈却“文起八代之衰，道济天下之溺”，贾棱的下一届状元苑论也是历史上的无名小辈，但这一年进士包括柳宗元和刘禹锡两位奇才。钮福保这个名字鲜为人知，但他是1838年道光戊戌科的状元，在今天，他以书法造诣被收藏界小范围人士所知，但除此之外，他的服官经历少有人考究。但与他同科的另一名进士却无论在当时，还是在现在，都是热度不减的煊赫人物。他的名字叫曾国藩，而他的名次是殿试三甲第四十二名。

这一切都足以证明，一个人是否出人头地，与他的考试名次毫不相关。更何况与曾国藩同为中兴四名臣之一的左宗棠连进士都不是。

即使我们仔细考察那些状元中的佼佼者，也会发现他们成为状元之后的命运，实际上与科考中的名次并非全然正相关。纵使成为状元是冥冥之中自有定数，但那不过是敲开官场大门的一块砖头，只是状元比其他进士的敲门砖更有力些而已。踏入官场之后的荣显与耻辱，从来就不是从成为状元那一刻开始计算。

荣辱之间：状元们的迥异命运

周延儒的下场诡奇莫测，这位万历四十一年状元的擢升几乎是火箭式的。1629年，在被皇帝秘密召对后不到一年，他就升任礼部尚书兼东阁大学士，次年二月加太子太保衔，任文渊阁大学士，同年九月升任首辅。有明一代没有哪位状元得到过皇帝如此恩宠，但接下来，他就一直走下坡路，先是被明末著名奸臣温体仁排挤，仅任首辅四个月就被迫告老还乡。倘使他能够自甘林泉，也许还能颐老天年，但他偏偏不甘退隐，于是，1641年，这位身处田园却一直热衷运动朝廷的前科状元终于如愿以偿，在他的东林同党的鼓噪吹嘘和暗通关节下，再次被皇帝起用复任首辅。

此时，大明天下已经是鱼烂之势，倾厦难支。热衷权位的周延儒决定用谎言来掩盖这一危殆的事实，他用一个又一个不存在的捷报来哄骗皇帝相信情势正在好转中，最终，他得到了人臣荣耀的顶点“太师”的头衔。但他的辉煌也在4个月后到头了，锦衣卫指挥骆养性上疏揭发真相，怒不可遏的皇帝下诏将周延儒流放、赐死，籍没其家产。两个月后，崇祯皇帝也自缢而死。而那位上疏弹劾周延儒的骆养性却先是投奔李自成的大顺，接着又投奔大清，高官厚禄，尽享天年。说起来他甚至连科举中人都不是。

比起明朝的名臣，清朝以明君著称，可能是由于权柄名器皆操于上，所以清朝的114名状元反而比明朝的状元更有生命安全。尽管官位累及一品的状元有20人之多，但是清朝官箴所谓“无灾无害到公卿”，所以像缪彤这样以籍籍无名终身的状元占到十之八九。历数清代官员中的名人，于敏中是乾隆朝汉臣首揆执政最久者，尽管他死后谥为“文襄”，并且入祀贤良祠，但此人有才干却招权揽贿，在其死后其贪赃之事被一一暴露，先是江苏松江粮道章攀桂用公款为于敏中在金坛营造私家花园事发，查得于敏中家产合二百余万，紧接着又发生于敏中门生王亶望监粮巨额贪污案，不得不让皇帝心存芥蒂。而对于敏中的最后一击是在他去世12年后，乾隆皇帝偶然阅读《明史·严嵩传》，忽然想起于敏中婪赃一事，下令对其进行死后清算，取消所有荣典世职，神主撤出贤良祠，“以为大臣营私玷职者戒”。由于于敏中死后遭受的清算过于苛刻，以至于民间传说于敏中其实是被皇帝逼迫自杀而死，皇帝早对于敏中不满，又担心落下擅杀大臣之名，于是采取阴狠手段，于偶然小疾，皇帝故意赐给他丧葬装殓时所用的陀罗尼经被。于敏中明白君要臣死，于是为了保全家人饮鸩而亡。

于敏中以下的两位状元名臣毕沅、王杰，虽然一个官至督抚，一个位极首辅，但如果仔细观看他们的生平履历就会发现，这两个人实际上并没有在权力中心留下浓重的痕迹。毕沅以善待士人、刊刻书籍和金石学著称于世，《啸亭杂录》称毕沅“性畏懦，无远略”，当白莲教起义爆发之始，他又千方百计“不以实告”，他的死亡跟于敏中一样不乏诡异之处，在办理剿灭白莲教的军幕之中，毕沅因为操劳过度，“寻报疾作，手足不仁”，这可能是中风症状，但似乎并无性命之虞。但在服用了乾隆皇帝所赐的“活络丸”后，“旋卒”。嘉庆皇帝亲政后，对毕沅身后进行大规模清算，抄没家产，削夺荣典世职，与当年他父皇清算于敏中如出一辙。

王杰状元之后的官宦生涯，在通读他的年谱《王文端公年谱》后就会发现，他主要做的事情有两件，一件是为乾隆皇帝粉饰太平的文化超级工程《四库全书》充任纂修工作，另一件就是充当各级科举考试的考官和殿试的读卷官。他充任首辅的所谓宦绩顶点，只是在太上皇驾崩后权力转移过程中，需要一个年高德劭者能够稳定大局，所谓“能持大体”。当和珅一党被彻底清算后，王杰迅速被调任纂修《高宗实录》和殿试读卷官的文人闲职。尽管嘉庆皇帝对他存问不断，但却始终把他隔绝在真正的权力核心之外。让他作为一名享尽尊荣的高级文臣充当宫廷点缀。

承平之世的状元往往是朝廷文明昌盛的必要陪衬，他们可以庸庸碌碌，作为人畜无害的奢华装饰品让人瞻仰品藻。但有些状元的身份不仅没给本人带来荣耀，反而因为其曾为状元，使得他们的蹇促霉运或不齿丑事流传后世。尤其是生逢末造乱世，就更是如此。唐文宗开成二年状元裴思谦，凭借与把持朝政的大宦官仇士良关系要好，硬逼着主考官高锴将状元给他。这是状元史上最遗臭万年的例子。唐昭宗光化二年状元卢文焕“颇以宴醵为急务”，但同年们缺钱，份子凑不齐。卢文焕骗大家到一处名胜宴游，结账时直接让人牵走同年的驴，与他同年的另一位进士柳璨说驴不是自己的。卢竟然引用《尚书》中“药不瞑眩，厥疾弗瘳”嘲讽柳璨，意思是说药不吃到迷迷糊糊的程度，穷病是治不好的。后来柳璨拜相，而卢文焕却一直职位低微，“忧戚日加”。每次见到卢文焕，柳璨就会引用他当年那句“药不瞑眩，厥疾弗瘳”来戏弄他。卢文焕的下场是不知所踪，但也比嘲笑他的柳璨要好一些，柳璨后来投靠朱全忠，策划屠杀世家大族的“白马驿之祸”，最后又被朱全忠处死。在临刑时，柳璨大叫“负国贼柳璨，死宜矣！”而此时卢文焕应该还活着，并且因为只是个小官所以苟全性命于乱世。而宋徽宗政和二年状元莫俦，则在北宋灭亡，徽钦二帝被金人北掳后，引金国使臣检视府库，往返奔走，积极为金人传旨立张邦昌为帝，被京师人称之为“捷疾鬼”。

如此恶名，也随着这些人的状元名号一起让后人不齿。但相比起来，更多状元是像缪彤这样在历史上留下一笔的无为无名之人。他们由状元起身，然后很快在官场中成为帝国官僚机器上的一个零件，在他们的履历表上，是不会特别注上他曾经是一名状元的。皇帝所关注的，从来是他的为官政绩而非他的出身。那方悬挂在故乡老宅里的“状元及第”的匾额，也会随着时间的流逝，被逐渐遗忘，它只代表过去的荣耀，却远不能决定未来的命运。不过，过去的荣耀虽然未必能改变将来的命运，却可以成为后世的传说。

状元驸马：美丽的传说与残酷的真相

“洞房花烛夜，金榜题名时”被认为是帝国时代一名男性能够享受的至高幸福，但如果把两大幸事都推到极致的话，那么就变成了我们所熟知的“状元驸马”的传说。在民间戏曲中，状元总是标配一名公主，而皇帝也一定总有个女儿要嫁给状元。从脍炙人口的包公戏《铡美案》到绍剧《状元打更》，包括那出男扮女装令人啼笑皆非的《女驸马》，无论是一段佳话还是一场孽缘，民众似乎非常愿意将状元和公主撮合在一起。

但这种小说戏曲反复宣扬的状元驸马传说，更大程度上只能是一个传说。真正历史上状元成为驸马的个案只有一个，唐会昌二年（公元842年）状元郑颢。郑颢是宰相郑絪之孙，可以说是门阀高第，当“尚文学，尤重科名”的唐宣宗命宰相白敏中为万寿公主选婿时，白敏中立刻推荐了当时已经是起居郎的郑颢。

按照民间传说的模板，那么郑颢应该对这场皇帝恩赐的婚姻感恩戴德才是。但郑颢却非常反感这桩强加在他身上的婚姻。他本来已经与另一个世家大族卢氏订婚，“行至郑州，堂帖追还”。不得不接受皇帝旨意与万寿公主结婚。

郑颢的不情不愿有其原因，即使到了晚唐时期，世家大族的势力仍然势焰熏天，不仅累世在朝中占据高位，更通过联姻形成了盘根错节的势力，因此与世家大族结合乃是为长远打算。与之相比，天子之家虽然尊贵无比，但是在阀阅世家的势力面前仍然有一种暴发户的自卑感。唐代士人也以与世家联姻为荣，并不以与皇族有戚为傲。更何况公主出身尊贵，娇生惯养，难以侍奉。《锦绣万花谷》载万寿公主下嫁郑颢后，“主每进见，帝必谆勉笃诲曰：‘无鄙夫家，无忤时事。’又曰：‘太平、安乐之祸不可不戒！’”每次进见都被父皇如此训诫，可以想见状元驸马与公主之间的关系究竟如何。一个细节足以显示出郑颢与公主之间的紧张关系。郑颢的弟弟郑颉身患危疾，皇帝遣使询问，得知万寿公主竟然在慈恩寺看戏。得知此事的皇帝大怒，“亟召公主入宫，立之阶下”，叹道：“我怪士大夫不欲与我家为婚，良有以也！”对公主厉声切责。公主如此待夫，郑颢自然也心怀怨愤，但他无法向公主发泄，只好将怨怒发泄到保媒拉纤的宰相白敏中身上，“甚衔之，由是数毁敏中于上”。

历史上唯一一桩状元驸马的故事就以一对怨偶的互相嫌憎告终。有了这种前例，也难怪自此以后，状元驸马的故事只能出现在戏曲和小说中，却难以再现。宋代险些出现第二位状元驸马。但根据《宋季三朝政要》所记，这一次不是状元嫌弃公主，而是公主嫌弃状元：

> 理宗开庆四年四月，上试进士，赐周震炎等及第出身有差。时公主方选尚，丁大全欲用新进士为驸马，因命考官私置震炎为第一，倡太平状元之说以媚上。震炎草茅士，年几三十矣。恭谢日，公主于内窥之，不悦。事遂寝。丁大全败，震炎降第五甲出身。

不过即使公主愿意，周震炎也未必乐意娶公主为妻，因为这会影响他日后的发展。宋代惩汉唐外戚专权之祸，所以对外戚一向防微杜渐，由于当时的避亲制度，外戚“崇爵厚禄，不畀事权”，一旦成为驸马被归为外戚，那么宰相、参知政事、枢密使、侍从官、尚书、侍郎、学士、监司、郡守这些有实权的高官要职就全都与自己绝缘了。所以“士人乃畏尚主”。而明清两代更是威福皆出于上，无论是对外戚还是对皇族都加以戒备，厚禄奉养，但是不许有任何事权，以免起觊觎权力之心。而状元是科举考试中的佼佼者，是天子门生，皇帝将来可能会重用之人，自然不会让儿女私情捆绑住手脚。除非皇帝想削弱某人权力，才会将公主嫁至其家，让其绝灭权力之想。乾隆皇帝虽然宠信和珅，却将自己最宠爱的和孝公主嫁给其子丰绅殷德，其隐含的寓意即在此中——权力到你为止，不可再传给下一代。状元亦复如是，荣耀仅及于己一身，子孙若要上进，只能亲自来考场上比权量力，争夺名器了。

状元的终局

对科举中人来说，状元是个梦想，但对美梦成真的人来说，状元又是过去的荣耀，既无法给自己的将来提供承诺，更无法传之子孙。而随着科举制度的衰败，就连新科状元的荣典也消失殆尽。当年缪彤在皇帝恩赐进士的恩荣宴上尝遍“奇珍异味，极天厨之馔”，而1904年最后一次殿试后的恩荣宴，却是草草了事：

“果肴皆出装饰，粗瓷竹箸，十余席罗列堂下东西，形式极为简陋，读卷大臣执事各官亦无至者，除一甲三名外，其余二甲进士寥寥无几，是日派恭亲王为主席，到时进礼部大堂倥偬一坐，诸进士谢恩后，亲王即起立出门……诸人随亲王甫离席行，堂役闲人争进，将宴席之盘、碗、杯、箸抢夺一空，瓷器堕地声，笑语喧哗声，轰然纷乱，亦鹿鸣之抢宴相同。”

尽管状元未必与将来的仕途有必然联系，但科举本身已经落拓至此，那么状元的身价也随之一落千丈。被称为“第一人中最后人”的末代状元刘春霖所获得的只有咨政院议员、记名福建提学使、直隶法政学校提调、北洋师范学校监督之类闲职，新生的共和国不再有科举，自然也不再有状元的名号，他只能靠大总统府内史、总统府秘书帮办兼代秘书厅厅长这些闲差从事文字应酬工作。授馆卖字成了这位末代状元晚年的主要收入。1937年全面抗战爆发，流亡天津英租界的刘春霖闻听北平遭受日军蹂躏的消息，潸然泪下：“京城父老惨遭蹂躏，我却当了逃兵，愧对先祖之训导。”1942年1月18日早晨，家人没有看到刘春霖像往常一样起床散步，进屋一看，才知道他已经因心脏病猝发在睡梦中安然而逝。状元的故事也在风声鹤唳的北平画上了最终的句号。

（文/李夏恩）

图书在版编目（CIP）数据

治国之道：选人用人三千年 /《国家人文历史》编著. —北京：大有书局，2022.4

（历史的智慧）

ISBN 978-7-80772-072-0

Ⅰ.①治… Ⅱ.①国… Ⅲ.①国家－行政管理－中国－古代－通俗读物 Ⅳ.①D691

中国版本图书馆CIP数据核字(2022)第035319号

书　　名　治国之道：选人用人三千年
ZHIGUO ZHI DAO:
XUANREN YONGREN SANQIANNIAN
作　　者　《国家人文历史》编著

策划编辑　李瑞琪
责任编辑　吴春艳
责任校对　李盛博
责任印制　袁浩宇
出版发行　大有书局
（北京市海淀区长春桥路6号　100089）
综 合 办　（010）68929273
发 行 部　（010）68922366
经　　销　新华书店
印　　刷　中煤（北京）印务有限公司
版　　次　2022年4月北京第1版
印　　次　2022年4月北京第1次印刷
开　　本　160毫米×230毫米　1/16
印　　张　16.75
字　　数　170千字
定　　价　56.00元

本书如有印装问题，可联系调换，联系电话：（010）68928947